Deutschbuch 5

Trainingsheft für Klassenarbeiten und Lernstandstests

Real- und Gesamtschule Nordrhein-Westfalen

Herausgegeben von
Bernd Schurf und Andrea Wagener

Erarbeitet von
Günther Biermann, Friedrich Dick, Marianna Ernst,
Josi Ferrante-Heidl, Marlene Koppers, Joana Louvros-Ankel,
Anett Neumann, Tanja Rencker-Stäpeler,
Natascha Rompé-Schlösser

Inhaltsverzeichnis

Wie du mit diesem Heft für Klassenarbeiten und einen Lernstandstest üben kannst 3

SCHREIBEN

Geschichten aus dem Schulalltag – Spannend und anschaulich erzählen 5
Aufgabentyp 1

Gespenstergeschichten – Erzählen nach Bildern 8
Aufgabentyp 1

Hund zugelaufen – Ein Tier beschreiben 12
Aufgabentyp 2

Sich in ein Tier verwandeln – Vorgangsbeschreibung 16
Aufgabentyp 2

Wildschweinrettungsaktion – Über ein Ereignis berichten 20
Aufgabentyp 2

So stelle ich mir meine Schule vor – In einem Brief seine Meinung begründen 24
Aufgabentyp 3

PRODUKTIONSORIENTIERTES SCHREIBEN

Der Glücksring – Ein Märchen fortsetzen 28
Aufgabentyp 6

Hanna Jansen: Gretha auf der Treppe – Einen Jugendbuchauszug fortsetzen 32
Aufgabentyp 6

NACHDENKEN ÜBER SPRACHE

Till Eulenspiegel und das Kaninchen – Rechtschreibung und
Zeichensetzung überarbeiten 36
Aufgabentyp 5

Projekttage „Die Zukunft gestalten" – Einen Text überarbeiten 40
Aufgabentyp 5

LESEN – UMGANG MIT TEXTEN UND MEDIEN

Potilla, die Feenkönigin – Fragen zum Romananfang beantworten 44
Aufgabentyp 4

Ein exotischer Frechdachs – Sachtexte für Informationen nutzen 48
Aufgabentyp 4

LERNSTAND TESTEN

Das kann ich schon – Test für die Jahrgangsstufe 5 52
Verschiedene Aufgabenarten trainieren

Mit dem beigefügten Lösungsheft kannst du deine Ergebnisse selbst überprüfen.

Wie du mit diesem Heft für Klassenarbeiten und einen Lernstandstest üben kannst

Liebe Schülerin, lieber Schüler,

dieses Trainingsheft hilft dir, die Klassenarbeiten im Fach Deutsch vorzubereiten. Alle Kapitel sind gleich aufgebaut, und zwar in fünf Schritten:

E – Deinen Text überarbeiten
D – Einen Schreibplan erstellen
C – Übungen
B – Den Text verstehen – Stoff sammeln – Eigene Ideen entwickeln
A – Die Aufgabe verstehen

Mit dem eingelegten Lösungsheft kannst du jeden Arbeitsschritt kontrollieren, bevor du weiterarbeitest.

Lerntipps – Eine Klassenarbeit vorbereiten

1 *Wie übst du bisher für Klassenarbeiten? Überlege und kreuze in jeder Zeile ein Kästchen an.*

	Das mache ich immer.	Das mache ich ab und zu.	Das mache ich nie.
Ich beginne zu einem Zeitpunkt zu üben, den ich vorher festgelegt habe.	☐ C ___	☐ B ___	☐ A ___
Auf meinem Schreibtisch liegen alle meine Lieblingssachen.	☐ A ___	☐ B ___	☐ C ___
Ich übe an ganz verschiedenen Plätzen (im Bett, am Schreibtisch, auf dem Boden …).	☐ A ___	☐ B ___	☐ C ___
Ich warte ab, bis meine Eltern sagen, dass ich üben soll.	☐ A ___	☐ B ___	☐ C ___
Wenn ich auf ein Problem stoße, suche ich mir Hilfe bei einer Lehrerin/einem Lehrer, meinen Eltern oder Freunden.	☐ C ___	☐ B ___	☐ A ___
Wenn ich übe, befinden sich auf dem Platz nur Sachen, die ich zum Lernen brauche.	☐ C ___	☐ B ___	☐ A ___
Ich übe am Abend vor der Klassenarbeit.	☐ A ___	☐ B ___	☐ C ___
Zum Üben habe ich einen festen Platz, auf dem alles Wichtige liegt (Bücher, Stifte, Übungsheft …).	☐ C ___	☐ B ___	☐ A ___
Ich beginne bereits einige Tage vor dem Klassenarbeitstermin mit dem Üben.	☐ C ___	☐ B ___	☐ A ___

2 *a) Gib dir selbst Punkte für schlaues Üben: Notiere dir 0 Punkte neben jedem angekreuzten A, jeweils 1 Punkt neben B und jeweils 2 Punkte neben jedem C. Notiere: Wie viele Punkte hast du insgesamt?*
Wenn du 14 bis 18 Punkte erreicht hast, dann ist dein Lernrahmen prima.
b) Hast du weniger als 14 Punkte? Überlege, was du besser machen kannst.
Schreibe dein wichtigstes Ziel für die nächste Klassenarbeit auf.

Vor der nächsten Klassenarbeit werde ich _____

Sich einen Überblick verschaffen – Aufgabentypen erkennen

In der folgenden Übersicht siehst du, welche Arten von Klassenarbeiten dich in Klasse 5 erwarten. Die Ziffern beziehen sich auf die Vorgaben im Kernlehrplan für das Fach Deutsch.

3 a) Finde heraus, welche Klassenarbeit du demnächst schreiben wirst: Kreuze den Aufgabentyp an, den du in der nächsten Klassenarbeit erwartest.
b) In der Zeile, die du angekreuzt hast, sind Seitenzahlen angegeben. Schlage dort nach und arbeite die Übungen auf diesen Seiten durch, dann bist du optimal vorbereitet.

TIPP
Verwende die Übersicht vor jeder Klassenarbeit auf dieselbe Weise.

Kreuze hier an	Aufgabentyp	Erläuterungen	Übungen
☐ 1a	Erzählen, was man erlebt, erfahren oder sich ausgedacht hat.	Du sollst etwas, das du wirklich erlebt hast, zu einer spannenden Erzählung ausgestalten. Du kannst auch zu bestimmten Reizwörtern erzählen.	S. 5–7
☐ 1b	Zu Bildern etwas erzählen.	Zu einer Bildfolge, die du vielleicht noch in eine richtige Reihenfolge bringen musst, sollst du spannend oder lustig erzählen.	S. 8–11
☐ 2a	Etwas sachlich beschreiben und dazu Material nutzen.	Fotos, Zeichnungen oder kurze Texte stellen dir einen Vorgang vor, den du sachlich beschreiben sollst.	S. 16–19
☐ 2b	Etwas, das man beobachtet hat, sachlich beschreiben.	Du bekommst ein Bild oder ein Foto und sollst z. B. ein Tier oder einen Gegenstand möglichst genau beschreiben.	S. 12–15, 20–23
☐ 3	Zu etwas Stellung nehmen und dabei die eigene Meinung begründen.	Zu einem Thema, über das man verschiedene Meinungen haben kann, sollst du Stellung nehmen und deine Meinung mit Argumenten begründen.	S. 24–27
☐ 4a	Fragen zu einem literarischen Text beantworten.	Du sollst einen literarischen Text (z. B. einen Auszug aus einem Roman) untersuchen, indem du Fragen zum Text beantwortest.	S. 44–47
☐ 4b	Informationen entnehmen aus verschiedenen Texten, sie vergleichen und bewerten.	Zu einem Thema (z. B. über ein Tier) sollst du in verschiedenen Materialien (Text, Bild, Tabelle o. Ä.) wichtige Informationen herausarbeiten, sie vergleichen und bewerten.	S. 48–51
☐ 5	Einen Text überarbeiten (verbessern).	Du bekommst einen fehlerhaften Text, etwa eine Erzählung oder einen Bericht, den du an einigen Stellen verbessern sollst.	S. 36–39, 40–43
☐ 6	Einen angefangenen Text nach einem bestimmten Muster fortsetzen.	Du erhältst den Anfang eines Textes, z. B. von einem Märchen, und sollst ihn so fortsetzen, dass niemand bemerkt, dass es nicht der Originaltext ist.	S. 28–31, 32–35

SCHREIBEN

Geschichten aus dem Schulalltag – Spannend und anschaulich erzählen

Erzähle möglichst spannend und anschaulich von einem Erlebnis, das du auf der ersten Klassenfahrt mit deiner neuen Klasse hattest.

A Die Aufgabe verstehen

1 *Fülle den Lückentext mit Hilfe des Wortspeichers.*

a) In meiner Geschichte soll ich über ein _____ schreiben.

b) Meine Geschichte muss ich so aufbauen:

1. Überschrift _____

2. _____

3. _____

4. _____

c) Das Tempus (die Zeitform) in meiner Geschichte ist das _____.

d) Anschaulich und spannend kann ich meine Geschichte mit folgenden Mitteln gestalten:

1. wörtliche Rede _____

2. _____

3. _____

4. _____

5. _____

Wortspeicher

abwechslungsreiche Satzanfänge
~~wörtliche Rede~~
Schluss
Präteritum
Erlebnis
Hauptteil
ausdrucksstarke Verben
Einleitung
anschauliche Mitteilung von Gefühlen und Gedanken
~~Überschrift~~
treffende Adjektive

B Eigene Ideen entwickeln

1 *Vervollständige den **Ideenstern**, indem du eigene Ideen hinzufügst. Falls du nicht an einer Klassenfahrt teilgenommen hast, kannst du auch einen Ideenstern zu den Themen: „Die erste Woche in meiner neuen Schule" oder „Meine schönsten Ferien" in deinem Heft erstellen.*

2 *Entscheide dich nun für ein Erlebnis, über das du erzählen möchtest. Denke daran, es sollte möglichst gut geeignet für eine spannende Erzählung sein.*

Ideenstern:
- Nachtwanderung – Abenteuer in der Wildnis
- ...
- Klassenfahrt der Klasse 5a
- Lehrer ärgern – wie wir unsere Lehrerin erschreckt haben
- ...

Ich schreibe über _____

Aufgabentyp 1 – Erlebtes, Erfahrenes, Erdachtes erzählen

C Übungen

Die Einleitung schreiben – Neugier wecken

1 Zeige, dass Hannahs Einleitung gut gelungen ist:
a) Unterstreiche die Antworten, die sie auf die W-Fragen gibt.
b) Markiere die Textstellen, die beim Leser für Spannung sorgen und Neugier wecken.

> **TIPP**
> Die **Einleitung** führt in die Erzählung ein. Sie beantwortet die wichtigen W-Fragen *Wann?*, *Wo/Wohin?*, *Was?*, *Wer?* und weckt Neugier, z. B., indem sie ein Ereignis nur andeutet.

> Letzte Woche sind wir, die Klasse 5c der Gesamtschule Weyertal-West, mit unserer neuen Klasse nach Hagen auf Klassenfahrt gefahren. Hinter der Jugendherberge befindet sich ein tiefer, dunkler Wald und für uns alle war sofort klar: Wir machen eine Nachtwanderung! Wer hätte gedacht, dass diese so aufregend werden würde? Noch Wochen später war die Nachtwanderung unser Gesprächsthema Nummer 1.

Den Hauptteil schreiben – Spannung steigern

2 Der Hauptteil von Hannahs Erzählung ist durcheinandergeraten.
a) Ordne die einzelnen Erzählschritte logisch, indem du die Sätze nummerierst. Es gibt mehrere Möglichkeiten.
b) Welche Sätze gehören deiner Meinung nach zum Höhepunkt? Kreuze diese an.
c) Unterstreiche Adjektive und Verben.

> **TIPP**
> Der **Höhepunkt im Hauptteil** wirkt besonders spannend, wenn du ausschmückende Adjektive und treffende Verben verwendest. Wörtliche Rede macht einen Text lebendiger.

1	Um 22:00 Uhr trafen wir uns an der alten Eiche vor dem Wald. Es war ganz schön gruselig, aber wir hatten alle Taschenlampen dabei.
☐	Wir hielten die Luft an. Wo war Markus? Was war passiert? Während einige Kinder sich fest an den Händen hielten, leuchteten wir die Umgebung ab. Mir war ganz schön mulmig zumute.
☐	Der Weg vor uns wurde immer dunkler und unheimlicher. Plötzlich schrie Peter entsetzt auf: „Markus ist weg, eben war er noch neben mir, aber jetzt ist er verschwunden!"
☐	„Lasst alle eure Taschenlampen an und wartet hier auf mich, ich bin gleich wieder da", flüsterte Herr Michaels und ging den Weg langsam um sich blickend zurück.
☐	Alle wurden still. Man konnte keinen Mucks mehr hören. Der Wind blies leise durch die Bäume, man konnte etwas rascheln hören, Tiere möglicherweise. Aber keinen Markus.
☐	Langsam und vorsichtig bahnten wir uns in einer Reihe gehend den Weg durch den Wald. Unser Klassenlehrer, Herr Michaels, schien den Weg gut zu kennen.
☐	Ein paar Mädchen kreischten, als hinter uns plötzlich mit lautem Schrei ein Uhu entlangflog. Meine Güte, hatten wir uns erschreckt!
☐	„Wir müssen jetzt einen kühlen Kopf bewahren", versuchte uns Herr Michaels zu beruhigen. „Seid mal alle ganz leise!"

Aufgabentyp 1 – Erlebtes, Erfahrenes, Erdachtes erzählen

Den Schluss steigern – Spannung lösen

3 *Lies den Schluss von Hannahs Erzählung. Trage ein, welche der Möglichkeiten aus dem Tippkasten Hannah gewählt hat.*

TIPP
Zum **Schluss einer Erzählung** löst sich die Spannung auf. Es gibt drei Möglichkeiten, sie ausklingen zu lassen:
a) die Geschichte zu einem guten Ende bringen,
b) auf den Anfang zurückgreifen
c) oder mit Absicht Fragen offen lassen.

Kurze Zeit später kam Herr Michaels mit Markus zurück. Sofort wollten wir wissen, was geschehen war. Markus erzählte uns, dass er einen Schatten gesehen und sich vor Angst einfach hinter einem Baum versteckt hatte. Den Rest des Weges nahmen wir Markus einfach in unsere Mitte. Nun brauchte er keine Angst mehr zu haben.

Hannahs Erzählung klingt mit Möglichkeit _____ aus.

D   Einen Schreibplan erstellen

1 a) *Ergänze den Lückentext, der die Spannungskurve erklärt, mit den Wörtern aus dem Wortspeicher.*
b) *Trage die Nummern der Sätze aus C 2 in die Spannungskurve ein.*

Wortspeicher

Schluss   Einleitung   Hauptteil

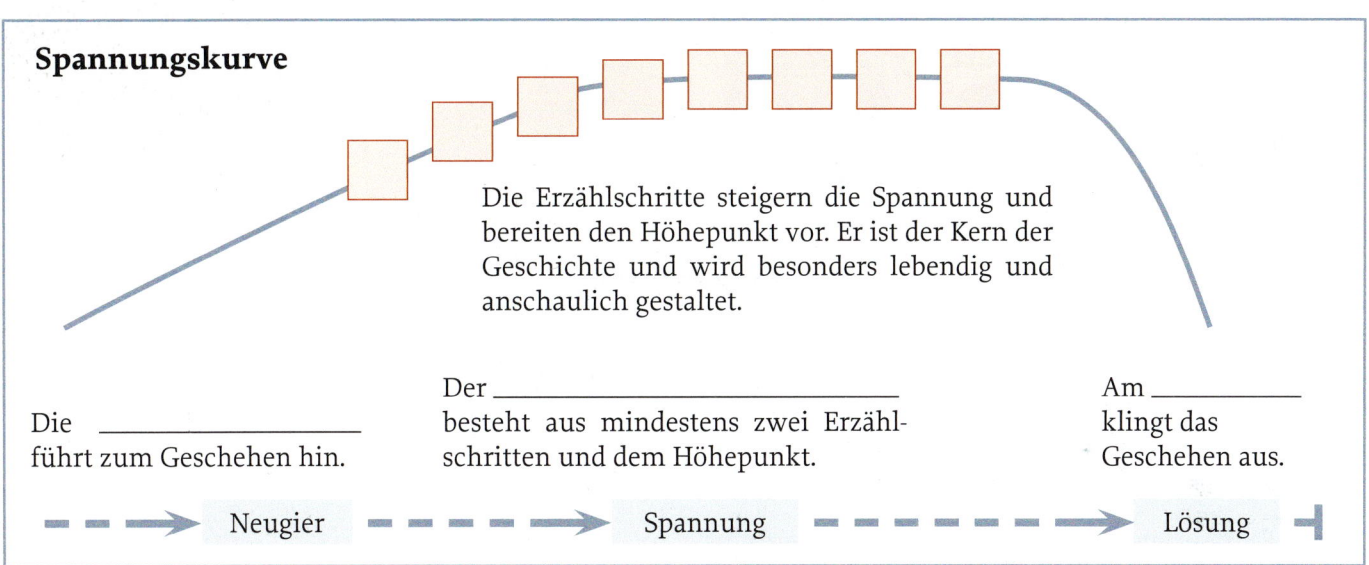

Spannungskurve

Die Erzählschritte steigern die Spannung und bereiten den Höhepunkt vor. Er ist der Kern der Geschichte und wird besonders lebendig und anschaulich gestaltet.

Die _____ führt zum Geschehen hin.

Der _____ besteht aus mindestens zwei Erzählschritten und dem Höhepunkt.

Am _____ klingt das Geschehen aus.

- - → Neugier - - → Spannung - - → Lösung

2 a) *Schreibe die vollständige Erzählung in dein Heft.*
b) *Gib ihr eine passende Überschrift, die Interesse weckt.*

TIPP
Eine Erzählung wird im **Präteritum** geschrieben.

E   Deinen Text überarbeiten

1 *Überarbeite deine Erzählung mit Hilfe der Checkliste.*

☑ Checkliste „Erzählen"

Hast du …   ⊕ ⊖

- eine **passende Überschrift** gewählt?
- beim Aufbau der Erzählung die **Spannungskurve** beachtet?
- in der Einleitung die wichtigen **W-Fragen beantwortet**?
- den Hauptteil **spannend** und **anschaulich** erzählt (mit ausschmückenden Adjektiven, treffenden Verben, wörtlicher Rede)?
- im Schluss die **Spannung ausklingen lassen**?
- im **Präteritum** geschrieben?

■ SCHREIBEN

Gespenstergeschichten – Erzählen nach Bildern

Bringe die folgenden Bilder in die richtige Reihenfolge. Erzähle dann spannend und anschaulich die Geschichte.

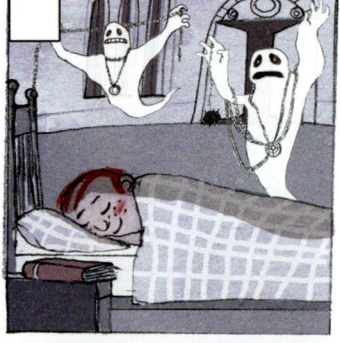

A   Die Aufgabe verstehen

1 *Was musst du tun? Kreuze für jede Aussage an, ob sie richtig oder falsch ist.*

Ich soll ...   richtig   falsch

a) zu den Bildern eine wahre Geschichte erzählen. _____   ☐   ☐

b) mit Fantasie eine Geschichte zu den Bildern erfinden. _____   ☐   ☐

c) die Bilder so ordnen, dass sich eine Geschichte ergibt. _____   ☐   ☐

d) Bilder zu meiner Geschichte zeichnen. _____   ☐   ☐

B   Eigene Ideen entwickeln

1 *Welche Geschichte erzählen die Bilder? Bringe sie in eine sinnvolle Reihenfolge, indem du die Bilder nummerierst.*

2 *Schau dir die Spannungskurve an und trage die Nummern der Bilder passend ein.*

> **TIPP**
> **Gliedere** sinnvoll: Beginne mit einer **Einleitung**, die neugierig macht. Steigere im **Hauptteil** die Spannung über mehrere Erzählschritte hinweg bis zum **Höhepunkt**. Lasse sie am **Schluss** abfallen und überlege ein gutes Ende.

Einleitung, s. Aufgabe C 1, S. 9 — sich steigernde Erzählschritte — Höhepunkt — Schluss

Neugier --→ Spannung --→ Lösung

8

Aufgabentyp 1 – Auf der Basis von Materialien oder Mustern erzählen

3 *Übertrage die Nummern der Bilder in dein Heft.*
a) Notiere zu jedem Bild Stichworte. Lasse nach jeder Stichwortzeile eine Zeile frei.
b) Ergänze in den freien Zeilen, was zwischen den Bildern passieren könnte.

C Übungen: Spannend erzählen

1 *Maja hat zwei Einleitungen zu ihrer Erzählung entworfen.*
a) Gib ihr einen Rat: Welche soll sie nehmen? Kreuze an.

> **TIPP**
> Die **Einleitung** darf den Höhepunkt nicht vorwegnehmen, sonst wird die Erzählung langweilig. Deute die Spannung nur an. Schreibe auf, worum es geht: **Wann? Wo? Was? Wer?** Gib deinen Figuren Namen.

☐ **A** Tim übernachtet mit seiner Familie im Schlosshotel „Zur Geisterbahn" im Tannenwaldgebirge. Er ist müde von der Reise und geht nach dem Essen früh ins Bett. Auf dem Nachttisch liegt ein Buch mit dem Titel „Handbuch zum richtigen Umgang mit Gespenstern". Bestimmt würde er in dieser Nacht Gespenstern begegnen.

☐ **B** Es war ein langer Tag. Tims Familie war den ganzen Tag gefahren, das Tannenwaldgebirge war riesig groß und plötzlich war es zu dunkel, um auf den schmalen, kurvenreichen Straßen weiterzufahren. Auf einmal sah Tims Mutter ein großes, etwas abgeblättertes Schild. „Zur Geisterbahn" stand darauf, und: „Gemütliches Schlosshotel mit berühmter Geschichte". Tim war begeistert. „Cool", schrie er, „lasst uns hier bleiben! Ich wollte schon immer mal in einem Schloss schlafen." Doch was war so berühmt an diesem Schloss? Was erwartete sie dort?

b) Begründe deine Auswahl.

<u>Einleitung _____ ist geeigneter, weil _____</u>.

2 *Maja hat angefangen, den Hauptteil ihrer Erzählung zu schreiben. Fülle die Lücken mit den passenden Satzanfängen.*

| Aber | Nun | Plötzlich | Dafür | Sogleich | Sofort |

Die beiden Gespenster Carl und Edward lebten schon sehr lange im Schlosshotel und ihnen war mal wieder so richtig langweilig. _____ kam Carl eine Idee. „Du, Edward, im Augenblick haben wir doch Gäste in unserem Schloss, sollen wir die nicht mal richtig erschrecken? _____ holen wir unsere schwersten Rasseln aus dem Folterkeller und machen denen so richtig Angst." _____ setzten die beiden ihren Plan in die Tat um. „_____", sagte Carl, „wer könnte denn am meisten Angst vor uns haben?" „Ich glaube, der Junge, der traute sich noch nicht einmal allein ins Bett. Das wird ein Riesenspaß." _____ machten sich die beiden auf den Weg. _____ waren es nur noch wenige Meter bis zu Tims Tür. Die Rasseln waren nun unüberhörbar. Die beiden setzten ihre grimmigsten Mienen auf ...

> **TIPP**
> **Abwechslungsreiche Satzanfänge** bewirken, dass eine Erzählung nicht langweilig wirkt.

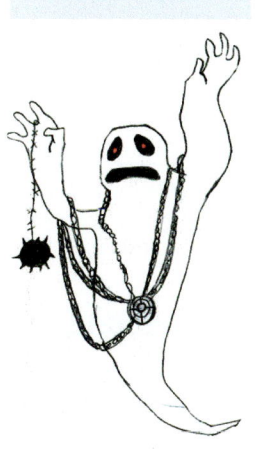

Aufgabentyp 1 – Auf der Basis von Materialien oder Mustern erzählen

3 Maja will den Höhepunkt der Geschichte spannend gestalten. Wie kann sie Tims Aufregung ausdrücken? Schreibe zwei weitere kurze Sätze in die Sprechblase.

TIPP
Spannend wirkt deine Erzählung, wenn du auch die **innere Handlung** beschreibst: Schildere die **Sinneseindrücke** und **Gefühle** einer Figur.

Ich erschrak fast zu Tode. – Mein Herz blieb vor Angst fast stehen.
_____

4 Ein treffendes Verb gibt wieder, wie sich jemand beim Sprechen fühlt: „aufgeregt", „freudig", „gelassen" …
Maja erzählt den Höhepunkt: Wähle für jeden Satz ein treffendes Verb aus. Trage es in die Lücke ein und achte auf das richtige Tempus.

TIPP
Eine Erzählung wird lebendiger, wenn die Figuren sich unterhalten: Schreibe wörtliche Rede. Suche für jeden Begleitsatz ein **treffendes Verb**. Wenn du nur das Verb „sagen" verwendest, wird der Text langweilig. Schreibe im **Präteritum**. An spannenden Stellen kannst du das **Präsens** verwenden.

Wortspeicher

sagen sprechen flüstern antworten fragen schreien rufen rätseln brüllen schimpfen
betonen erklären tuscheln verkünden anmerken hauchen ergänzen säuseln

Tim _____ laut auf. Mit vor Schreck weit aufgerissenen Augen _____ er:

„Aaahhhhhhhh! Gespenster!" Sein Herz blieb vor lauter Angst fast stehen. Die beiden Gestalten schwebten näher

heran, ihre Ketten rasselten laut. „Unmöglich", _____ Tim. Plötzlich erinnert er sich an

das Buch auf dem Nachttisch. „Ruhig bleiben und freundlich auf die Geister zugehen", genau das steht da. Schwarz

auf weiß. Und das wird er jetzt tun. „Guten Abend, die Herren!", _____ Tim.

D Einen Schreibplan erstellen

1 Bevor du deine Erzählung aufschreibst, musst du festlegen, was du in welcher Reihenfolge erzählen willst. Notiere deine Ideen stichwortartig im Schreibplan.

Reihenfolge	Bild Nr.	Inhalt in einem Satz
Einleitung:		
Hauptteil/ Erzählschritt 1:		
Erzählschritt 2:		
Erzählschritt 3:		
Erzählschritt 4/Höhepunkt:		
Schluss:		

Aufgabentyp 1 – Auf der Basis von Materialien oder Mustern erzählen

2 *Jede Geschichte braucht eine passende Überschrift.*
Notiere sie hier.

_____

> **TIPP**
> Eine gute Überschrift weckt Interesse für eine Erzählung.

3 *Schreibe eine spannende und lebendige Erzählung zu den Bildern auf Seite 8.*

E   Deinen Text überarbeiten

1 *Prüfe deinen Text mit Hilfe von Majas Tipps, unten auf dieser Seite. Kreuze an, was du überprüft hast.*

2 *Maja ist nicht sicher, ob ihre Erzählung gelungen ist. Überarbeite sie mit Hilfe der Tipps unten.*
Schreibe in dein Heft, welche Verbesserungen du Maja empfehlen möchtest.

VORSICHT FEHLER!

Die beiden gespenster

(Einleitung) Es waren einmal zwei gespenster, die sich sehr langweilten. Sie hießen Carl und Edward und sie hatten eines Abends Lust, einen kleinen Jungen zu erschrecken. Also holten sie sich Rasseln, damit ihr Auftritt möglichst unheimlich wirkte.

(Hauptteil) Punkt 12 Uhr schwebten sie zu dem Zimmer des Jungen. Der Junge hat tief und fest geschlafen. Plötzlich und mit lautem Getöse fingen Carl und Edward an, mit den Rasseln zu klimpern. Der Junge ist aufgewacht, sah mit weit aufgerissenen Augen die beiden gespenster an und erschrak fürchterlich. „Was wollt ihr von mir?", sagte der Junge ängstlich. „Wir wollen dich entführen und in die tiefen Tiefen des alten Gewölbes bringen", sagten die beiden. Tim, so hieß der Junge, fasste sich jedoch ziemlich schnell wieder. Kurz vorm Einschlafen hatte er nämlich in einem Buch rumgestöbert, das er in der alten Schlossbibliothek gefunden hatte: „Handbuch zum richtigen Umgang mit gespenstern". Schnell blätterte er es durch. Auf Seite 396 wurde er fündig, dort stand: „Wollen dich unheimliche gespenster entführen, so tun sie das meist aus Langeweile. Fordere sie zu einer Partie Mau Mau auf. Sie werden nicht widerstehen können."

(Schluss) Gesagt, getan. Schnell freundete sich Tim mit Carl und Edward an und die drei hatten eine Menge Spaß, nicht nur beim Kartenspielen. Langweilig war ihnen bestimmt nicht mehr.

Majas Tipps:

- Habe ich meine Erzählung auf Rechtschreibung überprüft? ☐
- Habe ich eine passende Überschrift gewählt? ☐
- Weckt meine Einleitung Neugier? ☐
- Habe ich wörtliche Rede verwendet? ☐
- Ist meine Geschichte sinnvoll aufgebaut? ☐
- Habe ich das richtige Tempus (Präteritum, bei spannenden Stellen Präsens) verwendet? ☐
- Habe ich abwechslungsreiche Satzanfänge gewählt? ☐
- Ist mir die Beschreibung von Gefühlen und Sinneseindrücken (innere Handlung) gelungen? ☐
- Ist mein Hauptteil spannend und anschaulich? ☐

SCHREIBEN

Hund zugelaufen – Ein Tier beschreiben

Dir ist ein Hund zugelaufen. Verfasse eine E-Mail ans Tierheim. In dieser Mail sollst du das Tier ganz genau beschreiben. Nutze dazu die Fotos und die Informationen aus dem Lexikonauszug.

Dackel: (urspr. Dachshund, Teckel) Rasse aus der Familie der Hunde, wurde gezüchtet zum Aufstöbern von Dachsen und Füchsen, bis 27 cm Schulterhöhe, kurzbeinig mit langgestrecktem Kopf, Schlappohren, langer Rücken und meist langer Schwanz. Je nach Haarbeschaffenheit unterscheidet man: **Kurzhaardackel** (Haare kurz, anliegend), **Langhaardackel** (Haare lang, weich, glänzend) und **Rauhaardackel** (Haare rau, etwas abstehend, vor allem an Schnauze und Augenbrauen verlängert).

A   Die Aufgabe verstehen

1 *Was sollst du tun? Kreuze an, welche der folgenden Aussagen zutrifft und welche nicht.*

	trifft zu	trifft nicht zu
a) Ich soll eine E-Mail ans Tierheim verfassen.	☐	☐
b) Ich soll mit dem Tierschutzverein Kontakt aufnehmen.	☐	☐
c) Ein Teil der E-Mail soll eine genaue Beschreibung des Tieres sein.	☐	☐
d) Die Beschreibung des Tieres muss sehr kurz sein.	☐	☐
e) Die Beschreibung des Tieres muss sachlich sein.	☐	☐
f) Die Beschreibung des Tieres muss so ausführlich sein, dass man sich den Hund vorstellen kann.	☐	☐

B   Stoff sammeln

1 *Unterstreiche in dem Auszug aus einem Jugendlexikon alle Informationen, die helfen, den Hund auf den Fotos zu beschreiben.*

2 *Notiere neben den Fotos, welche besonderen Merkmale du erkennst.*

Aufgabentyp 2 – Auf der Basis von Materialien sachlich beschreiben

C   Übungen – Den Stoff gliedern

1 *Was hast du über den Hund herausgefunden? Ordne die Informationen in folgendes Schema ein. Verwende Adjektive, die den Hund genau beschreiben.*

Verhalten

spielt gern mit dem Ball

_____

_____

_____

_____

_____

Aussehen

braune Augen

_____

_____

_____

_____

_____

_____

_____

_____

besondere Merkmale

am linken Hinterlauf:

_____

_____

_____

Rasse

Dackel, genauer:

_____

2 *Wähle aus den Informationen, die du bisher gesammelt hast, zehn aus, die das Tier in besonderer Weise beschreiben können.*

3 *Ordne deine Informationen nach Wichtigkeit und trage sie in die Tabelle ein.*

> **TIPP**
> Beschreibe den Hund so, dass sein/e Besitzer/in ihn sofort wiedererkennt.

1 Rauhaardackel	8
2	9
3	10
4	
5	
6	
7	

Aufgabentyp 2 – Auf der Basis von Materialien sachlich beschreiben

4 a) Lies die beiden Sätze links und rechts in der Tabelle und unterstreiche die Abweichungen.
b) Entscheide, welche Formulierung für eine Beschreibung gelungener ist, und kreuze diese an.

	Möglichkeit A		Möglichkeit B
(1)	☐ Am Samstagmorgen ist mir ein Dackel zugelaufen.	☒	Am Samstagmorgen ist mir ein <u>Rauhaar</u>dackel zugelaufen.
(2)	☐ Er hört auf den Namen Sita und hat ein gelbes Halsband, auf welchem dieser Name steht.	☐	Er heißt Sita, ein schöner Name, der – soweit ich weiß – aus dem Indischen kommt.
(3)	☐ Sita ist für einen Dackel relativ groß.	☐	Sitas Schulterhöhe beträgt etwa 25 cm.
(4)	☐ Sita hat im Gesicht ein paar Haare.	☐	Sitas Haare an den Augenbrauen sind auffällig lang.
(5)	☐ Das Fell ist schwarz-braun und die Augen sind dunkelbraun.	☐	Das Fell ist dunkel, auch die Augen sind dunkel.
(6)	☐ Sita spielt gern.	☐	Sita spielt sehr gern auf der Wiese mit dem Ball.

D Einen Schreibplan erstellen

1 Setze nun die folgende E-Mail fort, indem du eine genaue Beschreibung des Tieres verfasst. Dabei solltest du auf die Informationen aus deiner Tabelle (C 3) und auf die Formulierungen aus der Übung (C 4) zurückgreifen.

TIPP
Schreibe **sachlich** und beschreibe **genau**.

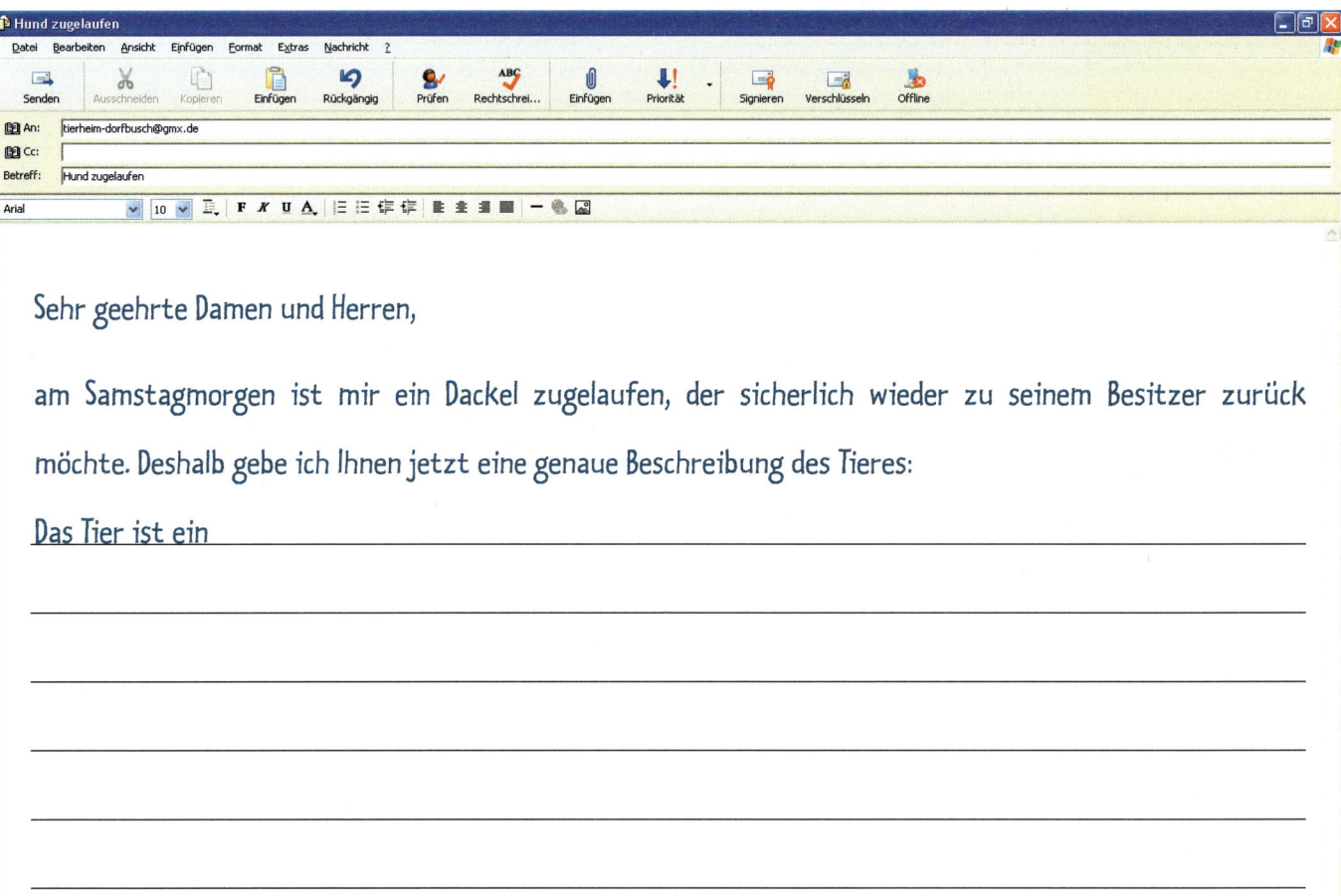

Sehr geehrte Damen und Herren,

am Samstagmorgen ist mir ein Dackel zugelaufen, der sicherlich wieder zu seinem Besitzer zurück möchte. Deshalb gebe ich Ihnen jetzt eine genaue Beschreibung des Tieres:

Das Tier ist ein _____
_____
_____
_____
_____

Aufgabentyp 2 – Auf der Basis von Materialien sachlich beschreiben

_____
_____

Falls der Besitzer sich meldet, können Sie ihm unsere Telefonnummer _____
oder die E-Mail-Adresse geben.

TIPP
Vergiss nicht, deinen Namen anzugeben.

Mit freundlichen Grüßen

_____

E   Deinen Text überarbeiten

TIPP
Beschreibe genau und abwechslungsreich. Vermeide die Verben „haben" und „sein". Achte auf abwechslungsreiche Satzanfänge.

1 a) Felix hat seine entlaufene Katze beschrieben. Unterstreiche in seiner Beschreibung alle Personalformen der Verben „haben" und „sein". Umkreise das Personalpronomen „sie".
b) Wie wirkt Felix' Text? Kreuze an.

☐ abwechslungsreich   ☐ langweilig   ☐ interessant   ☐ freundlich

c) Verbessere den Text und schreibe ihn mit passenden Verben und abwechslungreichen Satzanfängen neu auf.

Meine Katze ist braun-weiß-rot gescheckt. Sie hat blaue Augen, weil ihre Mutter eine Siamkatze ist. Sie ist noch ganz klein, sie ist erst sechs Monate alt. Sie hat den Namen Mausi. Sie ist ganz süß und ganz lieb. Sie kommt, wenn du sie rufst, weil sie weiß, dass sie diesen Namen hat. Sie hat auch ein Halsband, da steht unsere Adresse drin.

_____
_____
_____
_____

2 Überprüfe deine Beschreibung des Rauhaardackels mit Hilfe der folgenden Checkliste.

✓ Checkliste „Ein Tier beschreiben"

	⊕	⊖
Inhalt – Hast du …		
☐ wesentliche Informationen berücksichtigt (z. B. Rasse, Aussehen, Verhalten, besondere Merkmale)?	☐	☐
☐ wichtige Informationen zuerst angegeben (z. B. Halsband, Name, Verband)?	☐	☐
Form – Hast du …		
☐ alle für eine E-Mail wichtigen Punkte beachtet (z. B. Betreffzeile, Anrede, am Textende eine Grußformel und deinen Namen)?	☐	☐
Sprache – Hast du …		
☐ sachlich und genau geschrieben?	☐	☐
☐ Adjektive ausgewählt, die das Tier genau beschreiben?	☐	☐
☐ die Wiederholung der Verben „haben" oder „sein" vermieden?	☐	☐
☐ Nomen groß- und Adjektive kleingeschrieben?	☐	☐
☐ Rechtschreibung und Zeichensetzung überprüft?	☐	☐

■ SCHREIBEN

Sich in ein Tier verwandeln – Vorgangsbeschreibung

Deine Klasse hat im Deutschunterricht ein Theaterstück besprochen, in dem Tiere auftreten. Du selbst wirst als Frosch mitspielen. Fertige eine genaue Anleitung für das Schminken deiner Froschmaske an. Die Fotos helfen dir dabei.

A   Die Aufgabe verstehen

1 *Prüfe, ob du verstanden hast, was du machen sollst. Kreuze an, welche Aussage richtig, welche falsch ist.*

Ich soll …   richtig   falsch

a) einen Aufsatz über das Leben eines Frosches schreiben.   ☐ ☐
b) den Ablauf des Schminkens einer Froschmaske genau beschreiben.   ☐ ☐
c) meine Meinung über das Maskenbild äußern.   ☐ ☐
d) eine sachliche Sprache verwenden.   ☐ ☐
e) Preisangaben zu den Materialien machen.   ☐ ☐
f) auf eine logische Reihenfolge achten.   ☐ ☐

B   Stoff sammeln – Eigene Ideen entwickeln

1 *Bringe die Fotos oben in die richtige Reihenfolge. Nummeriere sie entsprechend.*

Aufgabentyp 2 – Auf der Basis von Materialien sachlich beschreiben

2 *Bereite nun deine Vorgangsbeschreibung vor, indem du*
a) die Fotos der richtigen Reihenfolge nach noch einmal genau betrachtest.
b) zu den einzelnen Abbildungen wichtige Stichworte aufschreibst.
   Verwende dazu Wörter aus dem Wortspeicher.

TIPP
Eine Vorgangsbeschreibung ist **sachlich** und **genau**.

Foto 1: _____

Wortspeicher
Schminkmaterialien
Schwämmchen
Pinsel
Schminkfarben

Wortspeicher
Tätigkeiten
Gesicht ausmalen
um jedes Auge einen Kreis malen
rote Linie von beiden Mundwinkeln aus ziehen
Unterlippe anmalen
einige orangefarbene Farbtupfer im Gesicht verteilen
um den Mund gelbe Farbe verteilen
Nasenspitze rosa anmalen
rote Augenstriche anlegen
Pinsel reinigen

Aufgabentyp 2 – Auf der Basis von Materialien sachlich beschreiben

C Übungen

1 a) Vermeide Eintönigkeit in der Formulierung, wechsle im Ausdruck ab.
Ergänze die Sätze mit Verben aus dem Wortspeicher.

Die Schminke _____ mit einem Schwämmchen _____ .

Man _____ die Schminke mit einem Schwämmchen _____ .

Die Schminke _____ mit einem Schwämmchen _____ .

_____ die Schminke mit einem Schwämmchen _____ .

Wortspeicher
lässt sich ... aufragen
trägt ... auf
Trage ... auf
wird ... aufgetragen

b) Wandle nach diesem Muster folgende Sätze um.

TIPP
Schreibe im Präsens.

(1) Um jedes Auge wird ein Kreis gemalt.

_____
_____
_____

(2) Einige Farbtupfer werden im Gesicht verteilt.

_____
_____
_____

D Einen Schreibplan erstellen

1 Achte auf die deutliche Gliederung deiner Vorgangsbeschreibung in Einleitung, Hauptteil und Schluss. Kennzeichne bei der Niederschrift deines Aufsatzes die drei Abschnitte durch Absätze im Heft.
Schreibe nun eine Einleitung.

Einleitung

Um sich als Frosch zu schminken, benötigt man _____

TIPP
Erkläre in der Einleitung, welche Maske gemalt werden soll. Gib einen Hinweis auf alle Materialien, die man zum Schminken benötigt.

Aufgabentyp 2 – Auf der Basis von Materialien sachlich beschreiben

Hauptteil

2 *Lege eine Liste für mögliche Satzanfänge an.*

zuerst,

anschließend,

schließlich,

Schluss

3 *Überlege dir nun einen Schluss, der dazu anregt, die Maske selbst zu malen.*

Eine solche Froschmaske

4 *Schreibe nun deine Schminkanleitung ins Heft. Vermeide Eintönigkeit in der Formulierung (C 1).*

E Checkliste für die Überarbeitung

1 *Überarbeite deine im Heft ausformulierte Vorgangsbeschreibung. Die Checkliste hilft dir dabei.*

☑ Checkliste „Einen Vorgang beschreiben"

Hast du …

- die Vorgangsbeschreibung in **Einleitung**, **Hauptteil** und **Schluss** gegliedert?
- **Absätze** gemacht, die die Gliederung zeigen?
- **sachlich** und **genau** beschrieben:
    - die verwendeten Schminkmaterialien,
    - die Grundierung (Hintergrundfarbe),
    - die Gestaltung der Mundpartie (breites Froschmaul),
    - das Ausmalen der Augenpartie?
- im **Präsens** geschrieben?
- **Wiederholungen** im Ausdruck **vermieden**:
    - bei Verben,
    - bei Satzanfängen?
- **Rechtschreibung** und **Zeichensetzung** überprüft?

SCHREIBEN

Wildschweinrettungsaktion – Über ein Ereignis berichten

Stell dir vor, du bekommst in der nächsten Klassenarbeit folgendes Aufgabenblatt.

Du joggst morgens früh (gegen 7:15 Uhr) unweit des Siebengebirges am Rheinufer und beobachtest folgendes Ereignis:

Aufgabenstellung:
Die Zeitungsreporterin Lilo Langsam trifft erst ein, als das Schwein mit dem Tierrettungswagen der Bonner Berufsfeuerwehr abtransportiert wird. Sie bittet dich, ihr einen Augenzeugenbericht zuzusenden.
Verfasse diesen Augenzeugenbericht.

Hinweis zur Bearbeitung:
Schau dir die Abbildungen genau an und überlege dir auch, was jeweils in der Zwischenzeit passiert sein könnte:
- Wähle dafür aus dem Materialspeicher geeignete Zusatzinformationen aus.
- Streiche ungeeignete Informationen durch.
- Erfinde zusätzlich genaue Zeitangaben.

VIEL ERFOLG!

Materialspeicher

kann meinen Augen nicht trauen: ein schwimmendes Schwein
mit Booten einkreisen und in Richtung Ufer drängen
Mitleid mit dem Schwein
Feuerwehr: mit Mehrzweckbooten auf dem Fluss
Feuerwehrmann wirft Fangseil
Angst, dass das Schwein verletzt wird
im knietiefen Wasser steigt ein Feuerwehrmann aus dem Boot
er wirft das Wildschwein auf den Rücken
Feuerwehrmann drückt das Schwein mit dem Knie zu Boden
springt das Wildschwein zurück in den Rhein?

Aufgabentyp 2 – Auf der Basis von Beobachtungen sachlich berichten

A Die Aufgabe verstehen

1 *Mache dir klar, was die Aufgabenstellung und die Textsorte „Augenzeugenbericht" von dir verlangen.*
   a) Markiere in der Aufgabenstellung und im Hinweis die Schlüsselwörter mit einem Farbstift.
   b) Kreuze die richtige Aussage an.

a) ☐ Ich soll spannend erzählen, was passiert ist.
b) ☐ Meine Meinung ist wichtig.
c) ☐ Ich soll kurz und knapp Auskunft über den Ablauf des Ereignisses geben.
d) ☐ Das Ereignis soll ich so anschaulich und ausführlich wie möglich wiedergeben.

2 *Vervollständige den folgenden Lückentext über die Textsorte „Bericht": Verwende die Wörter aus dem Wortspeicher.*

Wortspeicher
Reihenfolge   Präteritum   Tatsachen   W-Fragen   Hintergrundinformationen

Ein Augenzeugenbericht für die Tageszeitung gibt Antworten auf die _____. Er ist sachlich und interessant geschrieben. Ein Bericht gibt _____ wieder, die für das Ereignis wichtig sind. Zusätzlich kann er _____ enthalten. Die Ereignisse werden in der _____ berichtet, in der sie geschehen sind. Man schreibt in der Zeitform _____.

B Stoff sammeln

1 *Ein Bericht antwortet auf die W-Fragen.*
   a) Ergänze in der folgenden Übersicht die fehlende W-Frage.
   b) Notiere die Antworten auf die einzelnen W-Fragen in Stichworten.

Wo? | Wer war daran beteiligt? | Was geschah?

Wildschweinrettungsaktion

_____? | Wie verlief die Rettungsaktion?
– morgens früh
– ca. 7:15 Uhr

21

Aufgabentyp 2 – Auf der Basis von Beobachtungen sachlich berichten

C Übungen

1 *a) Welche Sätze passen in einen sachlichen Bericht, welche nicht? Kreuze in der rechten Spalte an.*
*b) Trage ein **T** in das Kästchen links ein, wenn der Satz eine Tatsache wiedergibt.*

		passt	passt nicht
a)	Das Wildschwein erinnerte mich an mein Kuscheltier.	☐	☐
b)	Ich wusste gar nicht, dass Schweine so gut schwimmen können.	☐	☐
c)	Die Wildsau setzte sich heftig gegen die Feuerwehrleute zur Wehr.	☐	☐
d)	Nachdem das Tier in die Box gesperrt worden war, wurde es mit dem Tierrettungswagen abtransportiert.	☐	☐
e)	Ich glaube, man brachte es in den Wald zurück.	☐	☐

2 *Welche Zeitform ist falsch? Kreuze an.*

a) ☐ Alle Beteiligten entscheiden, das Schwein wieder im Wald auszusetzen.
b) ☐ Der Förster betonte, das Wildschwein sei unverletzt geblieben.
c) ☐ Ein Polizeibeamter gab an, dass Schweine gut schwimmen könnten.
d) ☐ Im Godesberger Stadtwald wurde das Tier wieder ausgesetzt.

> **TIPP**
> Sachliche Berichte stehen in der Zeitform **Präteritum**.

D Einen Schreibplan erstellen

Plane nun, wie du beim Schreiben deines Berichts vorgehen willst.

1 *Falle nicht mit der Tür ins Haus, sondern formuliere **einen einleitenden Satz**, der schon die wichtigsten Informationen enthält.*

Am frühen Morgen joggte ich gegen 7:15 Uhr ...

2 *Der **Hauptteil** enthält die Einzelheiten deiner Beobachtungen. Dabei musst du auf die zeitliche Abfolge achten. Schreibe zu jeder Zeitangabe wie z.B. „zuerst", „anschließend", „nach zehn Minuten" ... Stichworte.*

Zuerst:

Dann:

Nach fünf Minuten:

Anschließend:

Danach:

Schließlich:

Aufgabentyp 2 – Auf der Basis von Beobachtungen sachlich berichten

3 Der **Schlusssatz** signalisiert, dass du deinen Bericht beendest, z.B. mit der Angabe, wann die Aktion abgeschlossen war.
Wähle aus den beiden Beispielen einen Schlusssatz aus, den du verwenden möchtest. Kreuze ihn an.

☐ Die Beteiligten hatten zuvor entschieden, das Schwein wieder im Wald auszusetzen, und die Rettungsaktion war vor etwa 9:30 Uhr erfolgreich beendet.

☐ Die Transportbox mit dem Wildschwein wurde schließlich in den Tierrettungswagen verladen und das Wildschwein wurde wieder in den Wald gebracht.

4 Schreibe einen Augenzeugenbericht zu den Bildern auf Seite 20. Verwende dabei die Ergebnisse aus den Aufgaben D1 bis 3.

TIPP
Dein Text ist ein Entwurf. Lass **Platz für Verbesserungen**, indem du jeweils eine Zeile freilässt.

E Deinen Text überarbeiten

1 Tim hat einen Augenzeugenbericht geschrieben. Ihm sind einige Fehler unterlaufen.
a) Lies Tims Textentwurf.

VORSICHT FEHLER!

> Ich war gerade joggen, als ich auf einmal sehe, wie am gegenüberliegenden Ufer irgendetwas Dunkles ins Wasser springt und losschwimmt. Ich blieb stehen. Zuerst dachte ich, es sei ein Schäferhund. Etwa zehn Minuten später kam die Feuerwehr mit Mehrzweckbooten rheinabwärts. Ich fand es toll, wie die Feuerwehrleute das Schwein einkreisen und es ans Ufer leiteten. Die Wildsau setzte sich heftig zur Wehr, als sie ans Ufer gebracht wurde. Dort stand der Tiertransporter schon bereit. Das Tier wurde in eine Box bugsiert und abtransportiert.

b) Prüfe Tims Textentwurf nun mit Hilfe der folgenden Checkliste. Kreuze an, ob die Merkmale eines Berichts erfüllt sind: ja oder nein?

☑ Checkliste „Berichten"

Tims Text (Aufg. E 1)		Merkmale eines Berichts	Dein Text (Aufg. D 4)	
ja	nein		+	−
☐	☐	Gibt es einen Einleitungssatz mit den notwendigen Angaben?	☐	☐
☐	☐	Enthält der Text nur die wichtigsten Informationen?	☐	☐
☐	☐	Sind alle inhaltlichen Informationen richtig?	☐	☐
☐	☐	Werden die Handlungsschritte geordnet präsentiert?	☐	☐
☐	☐	Ist der Sprachstil sachlich?	☐	☐
☐	☐	Wurde eine Meinungsäußerung vermieden?	☐	☐
☐	☐	Wurde immer das richtige Tempus verwendet?	☐	☐

2 a) Überarbeite deinen eigenen Text.
Verwende auch dazu die Checkliste.
Vielleicht hat dir Tims Aufsatz gute Anregungen gegeben? Die darfst du ruhig aufgreifen.
b) Schreibe deinen verbesserten Bericht noch einmal sauber in dein Heft.

SCHREIBEN

So stelle ich mir meine Schule vor –
In einem Brief seine Meinung begründen

Hier kannst du üben, wie du deine Meinung zu einer Situation oder einem Problem schriftlich äußerst und überzeugend begründest. Stell dir vor, du bekommst in der nächsten Klassenarbeit folgende Aufgabenstellung:

> Seit einigen Wochen besuchst du die Klasse 5: Deine Meinung zur neuen Schule ist nun gefragt!
> Schreibe deinem Klassenlehrer/deiner Klassenlehrerin einen Brief. Formuliere zuerst mindestens drei positive Eindrücke von deiner Schule und danach drei Verbesserungsvorschläge oder Wünsche.
> Denke daran, dass du deine Meinung auch begründest und mit Beispielen veranschaulichst.

A Die Aufgabe verstehen

1 *Mache dir klar, was die Aufgabenstellung „Deine Meinung … ist gefragt!" und die Textsorte „Brief" von dir verlangen.*
a) Markiere in der Aufgabenstellung die Wörter, die dir sagen, was du tun sollst.
b) Kreuze die vier richtigen Aussagen an.

	richtig	falsch
a) Ich muss die Briefform beachten.	☐	☐
b) Meine Meinung ist wichtig.	☐	☐
c) Ich soll kurz und knapp Auskunft über den Ablauf des bisherigen Schuljahres geben.	☐	☐
d) Ich soll drei verschiedene Tagesberichte schreiben: Was sind gute Schultage, was sind schlechte Schultage?	☐	☐
e) In den Brief gehören Begründungen für meine Meinung.	☐	☐
f) Ich soll aufschreiben, was mir an der neuen Schule gut gefällt und was mir nicht so gut gefällt bzw. was ich mir wünsche.	☐	☐
g) Ich notiere Stichworte in der Umgangssprache.	☐	☐

2 *Ergänze die Regeln, indem du die Wörter aus dem Wortspeicher richtig in die Lücken einträgst.*

Wortspeicher
Anredepronomen – Begründungen – Umgangssprache – Adressat – vollständige

Der _____ des Briefes ist meine Klassenlehrerin, mein Klassenlehrer. Das heißt, dass sie oder er den Brief liest. Ich muss also überlegen, welcher Sprachstil angemessen ist.

Die _____ muss ich großschreiben, z. B.: **Ich möchte Ihnen erklären, warum Sie mich öfter drannehmen sollten.**

Für meine Meinung muss ich _____ geben und diese mit Beispielen unterstützen.

Ich verwende keine _____ und achte auf _____ Sätze.

Aufgabentyp 3 – Zu einem Sachverhalt begründet Stellung nehmen

B Stoff sammeln – Eigene Ideen entwickeln

1 *Was gefällt dir an deiner neuen Schule gut und was gefällt dir nicht oder was möchtest du gern verbessern? Denke an den Unterricht, aber auch an die Pausengestaltung.*
Trage in die Tabellen in Stichworten ein, was dir in den Sinn kommt. Auswählen kannst du später noch.
Notiere deine Begründungen auch in der Tabelle, wenn möglich mit Beispiel. Beispielsituationen dienen der Anschaulichkeit.

⊕ Positive Eindrücke

Was gefällt mir?	Warum? Begründung + Beispiel
Schulkiosk: belegte Brötchen	frische Brötchen, wenn kein Pausenbrot dabei; neulich …

⊖ Verbesserungsvorschläge

Was gefällt mir nicht? / Was wünsche ich mir?	Warum? Begründung + Beispiel
Klasse sollte mehr auf Gesprächsregeln achten	zu laut, um gut zu arbeiten; letzte Woche …

C Übungen

1 *Untersuche die folgenden Meinungsäußerungen. Schau dir das Beispiel an und markiere in den Auszügen B und C aus Schülerbriefen*
- *die Verbesserungsvorschläge und Wünsche mit Gelb,*
- *die Begründungen mit Blau und*
- *die Beispiele mit Grün.*

A Ich fände es gut, wenn wir mehr Computer im Klassenzimmer hätten, z. B. einen Laptop-Schrank. Wir könnten dann häufiger am Computer arbeiten und müssten nicht immer extra in den Computerraum gehen. Letztens konnten wir unsere Geschichten gar nicht fertigstellen, weil der Computerraum besetzt war.

B Am meisten wünsche ich mir, dass wir unseren nächsten Ausflug in den Zoo machen. Jeder aus der Klasse war zwar schon im Zoo, aber letzte Woche ist ein Elefantenbaby zur Welt gekommen und das möchte ich mir gern einmal anschauen. Außerdem könnten wir im Fach Biologie darüber sprechen. In der Grundschule haben wir über Affen gesprochen und uns dann im Zoo die Paviane angeschaut.

Aufgabentyp 3 – Zu einem Sachverhalt begründet Stellung nehmen

C Mir würde es gefallen, wenn wir häufiger im Unterricht in Gruppen arbeiten dürften, weil dann viel mehr Kinder gleichzeitig arbeiten und nicht nur wenige an die Reihe kommen. Neulich haben wir vier Gruppen gebildet, die unterschiedliche Aufgaben hatten. Unsere Gruppe war ein gutes Team.

2 *Wähle passende Verknüpfungswörter aus und fülle die Lücken. Nicht alle Verknüpfungswörter passen.*

| obwohl | denn | weil | dennoch | dass (2x) | damit | aber | hingegen |

Ich bin sehr froh darüber, _____ unsere Klassengemeinschaft so gut ist. Ich gehe gern zur Schule, _____ wenn in der Klasse jemand ausgelacht oder sogar gehänselt wird, fühle ich mich nicht wohl. Unser Klassenraum gefällt mir sehr gut, _____ er ist sehr hell und es stehen große Pflanzen in bunten Übertöpfen an den Fenstern. Besonders schön finde ich, _____ wir eine gut ausgestattete Klassenbibliothek haben, _____ ich eine richtige Leseratte bin und gern Bücher ausleihe.

D Einen Schreibplan erstellen

1 *Plane nun, wie du beim Schreiben vorgehen willst. Weißt du noch, wie man einen Brief schreibt? Ergänze die Checkliste mit Angaben zu den einzelnen Bausteinen. Wo stehen sie, was ist jeweils wichtig?*

Briefkopf: _____

Anrede: _____

Aufbau: _____
_____
_____

Grußformel/Unterschrift: _____

2 *Der erste Satz deines Briefes sollte in dein Anliegen einführen, auch wenn dies durch die Aufgabenstellung bereits klar ist. Danach solltest du einen Absatz machen. Formuliere einen **Einleitungssatz**:*

Sehr geehrte Frau Kluge/Sehr geehrter Herr Weise, _____
_____
_____

3 *Der **Hauptteil des Briefes** enthält deine Meinung mit den Begründungen und Beispielen. Schau dir hierfür noch einmal deine beiden Tabellen an (B 1) und markiere die Eintragungen farbig, die du in deinem Brief verwenden möchtest.*

TIPP
Denke an die Vorgaben in der Aufgabenstellung: Jeweils drei Punkte solltest du nennen.

Aufgabentyp 3 – Zu einem Sachverhalt begründet Stellung nehmen

4 Lege eine Reihenfolge fest. Nummeriere deine Eintragungen in den Tabellen auf Seite 25.

5 Fasse am Schluss in ein bis zwei Sätzen deine Meinung zusammen.
Z. B.: Insgesamt fühle ich mich auf der neuen Schule sehr wohl. Ich würde mich sehr freuen, wenn wir in der nächsten Klassenstunde meine Wünsche besprechen könnten.

> **TIPP**
> Formuliere in dem Brief erst das Positive, mache einen Absatz, schreibe einen Überleitungssatz und schlage dann deine Verbesserungen vor oder führe deine Wünsche an.

> **TIPP**
> Grußformel und Unterschrift nicht vergessen!

6 Schreibe nun deinen Brief ins Heft.
Lasse jede zweite Zeile frei, um anschließend Verbesserungen aufschreiben zu können.

E Deinen Text überarbeiten

1 Felix aus der 5b hatte dieselbe Aufgabe wie du, allerdings sind ihm dabei einige Fehler unterlaufen. Lies seinen Brief.
a) Streiche zunächst alle Fehler rot an. Ordne im Heft nach Rechtschreibung und Briefform.
b) Lies nun den Brief ein weiteres Mal, betrachte dabei Aufbau und Inhalt genauer. Welche Fehler entdeckst du?

Libe frau Lehrreich,   5. Mai 2010

Wir haben von ihnen den Auftrag bekommen, Negatives über die neue Schule zu schreiben. Am Meisten wünsche ich mier, dass es mehr Tischtennisplaten auf dem Schulhof gibt. Die Sechstklässler nerven halt immer und lassen uns nicht mitspielen. Negativ finde ich auch, dass sich die Klasse nicht an die Gesprächsregeln hällt, die wir vereinbart haben. Lukas z. B. ruft immer in die Klasse rein. Gerade gestern in der Mathestunde wolte ich die antwort geben und er hat sie einfach schon gesagt, obwohl er gar nicht an der Reihe war. Vile Mädchen tuscheln und kiechern ständig. Das lenckt mich häufig ab. Aber nun zu meinen positiven Eindrüken. Ich finde sonst alles gut hier in der Schule. Trotzdem freue ich mich auf die nächsten ferien.

VORSICHT FEHLER!

---

2 Gib eine Einschätzung mit Begründung. Ich finde den Brief von Felix ...

☐ gelungen.   ☐ nicht gelungen.   ☐ in manchen Teilen überarbeitungsbedürftig   ☐ sehr interessant.

Begründung: _____

3 Überarbeite deinen Brief (D 6) mit Hilfe der folgenden Checkliste.

✓ Checkliste „Einen Brief schreiben"

Hast du ...   ⊕   ⊖

☐ auf die richtige **Form** des Briefes geachtet?   ☐   ☐
☐ eine passende **Anrede** und **Grußformel** verwendet?   ☐   ☐
☐ einen **Einleitungssatz** geschrieben, der in dein Anliegen einführt?   ☐   ☐
☐ im **Hauptteil** deine **Meinung mit Begründungen** und Beispielen gestützt?   ☐   ☐
☐ zum **Schluss** deine Meinung noch einmal zusammengefasst?   ☐   ☐
☐ passende **Verknüpfungswörter** verwendet?   ☐   ☐

PRODUKTIONSORIENTIERTES SCHREIBEN

Der Glücksring – Ein Märchen fortsetzen

Lies den Anfang des finnischen Märchens „Der Glücksring" und setze das Märchen sinnvoll fort. Berücksichtige beim Schreiben die Merkmale und den Stil eines Märchens.

Der Glücksring

Es waren einmal ein Mann und eine Frau. Beim Kartoffelgraben auf dem Feld fanden sie einen Ring. Dieser Ring hatte eine winzige Inschrift: *Eins zwei drei Wünsche habt ihr frei.* Die beiden eilten nach Hause, setzten sich an den großen Tisch und überlegten, was sie sich wünschen sollten.
5 Sie einigten sich darauf, sich zunächst einen Glückstopf zu wünschen, in dem immer Geld läge und der nie leer werden würde. Die Frau sagte zum Mann: „Steck den Ring an deinen Finger und drehe ihn. Ich werde unseren Wunsch sprechen…"

A   Die Aufgabe verstehen

1 Hast du die Aufgabe gründlich gelesen? Welche Aussagen sind richtig, welche nicht? Kreuze an.

Du sollst …	richtig	falsch
a) das Märchen in einen Sachtext umwandeln.	☐	☐
b) das Märchen fortsetzen.	☐	☐
c) sprachlich im Stil eines Märchens schreiben.	☐	☐
d) auf weitere Märchenmerkmale verzichten.	☐	☐
e) weitere Märchenmerkmale in den Text einbauen.	☐	☐
f) einen passenden Schluss schreiben.	☐	☐

B   Den Text verstehen – Eigene Ideen entwickeln

Textmerkmale erkennen und verwenden

1 Trage die Wörter aus dem Wortspeicher in den Lückentext über die Merkmale von Märchen ein.

Wortspeicher

Es war einmal …   Zwerge   wiederholt   Bösen   gestorben   Wirklichkeit   Zauberer
Gut und Böse   Präteritum   Könige   Wünsche

Märchenfiguren: Es treten _____ und Königinnen, Prinzessinnen und Prinzen auf, aber z. B. auch (böse) Stiefmütter, Handwerker oder Bauern. Zudem gibt es fantastische Gestalten wie Feen, _____, Hexen, Riesen, _____ oder sprechende Tiere.

Aufgabentyp 6 – Einen angefangenen Text fortsetzen

Märchenhandlung: Meist treffen _____ aufeinander. Prüfungen müssen bestanden, Wünsche erfüllt oder schwierige Aufgaben bewältigt werden (häufig drei), es geschehen Dinge, die in der _____ nicht vorkommen (z. B. Spuk, Zauberei), und am Schluss werden meist die Guten belohnt und die _____ bestraft.

Erzählweise: Viele Märchen beginnen mit „_____" und enden mit „Und wenn sie nicht _____ sind, dann leben sie noch heute". Manche Zahlen, z. B. 3 (_____) oder 7 (Zwerge) spielen eine geheimnisvolle Rolle. Bestimmte Äußerungen oder Handlungen werden mehrmals _____. Märchen stehen gewöhnlich im _____ (Vergangenheit).

2 Welche der Märchenmerkmale enthält der Text? Unterstreiche sie im Text und schreibe in die Randspalte, worum es sich handelt.

TIPP
Die Märchenmerkmale, die du im Text findest, solltest du in deiner Fortsetzung verwenden. Merkmale, die fehlen, kannst du ergänzen.

3 Welche Märchenmerkmale fehlen im Textanfang? Notiere sie.
_____
_____

4 Der Mann und die Frau finden den Glücksring beim Kartoffelgraben. Kreuze an, welcher Arbeit die beiden wahrscheinlich nachgehen.

Der Mann und die Frau arbeiten als

a) ☐ König und Königin.   b) ☐ Jäger und Jägerin.
c) ☐ Müller und Müllerin. d) ☐ Bauer und Bäuerin.

Ideen für die Fortsetzung finden

5 Der Mann und die Frau haben drei Wünsche frei.

a) Notiere den ersten Wunsch. _____
_____

b) Entscheide für deine Fortsetzung des Textes, was sich die beiden noch wünschen sollen. Kreuze an.

(1) ☐ Unsterblichkeit   (2) ☐ ein eigenes Königreich   (3) ☐ viele Kinder
(4) ☐ ewige Jugend   (5) ☐ ein friedliches Leben   (6) ☐ noch mehr Wünsche

6 Vervollständige den Zauberspruch mit Hilfe des Wortspeichers.

Ringlein, Ringlein, Ringlein _____,

erfülle _____ die Wünsche _____:

Flink soll _____ (*Wunsch eintragen*) hier sein.

Wortspeicher

mein

fein

schnell

Aufgabentyp 6 – Einen angefangenen Text fortsetzen

7 *Wie könnte der Mann reagieren, als plötzlich der Glückstopf vor ihm steht, gefüllt mit lauter Goldstücken? Markiere mögliche Reaktionen.*

vor Kummer in Tränen ausbrechen

jubeln

erfreut auflachen

glücklich strahlen

herzzerreißend jammern

vor Freude in die Hände klatschen

verärgert das Gesicht verziehen

angeekelt die Nase rümpfen

wütend aufschreien

C Übungen

1 *Im Wortfeld „sagen" gibt es viele Verben. Ob ein Verb treffend ist, hängt vom Zusammenhang ab. Entscheide beim Schreiben: Spricht jemand sachlich oder nachdrücklich? Ist er aufgeregt? Spricht er laut oder leise? Unterstreiche Verben, die lautes Sprechen wiedergeben, blau und Verben, die leises Sprechen ausdrücken, grün.*

> **TIPP**
> Dein Märchen wirkt lebendiger, wenn die Figuren sprechen. Füge **wörtliche Rede** ein. Achte auf abwechslungsreiche Redebegleitsätze und **passende Verben**.

sprechen	(jemandem) raten	flüstern	anmerken	antworten	fragen	hinweisen
schreien	rufen	locken	stammeln	mitteilen	rätseln	bezweifeln	murmeln
brüllen	säuseln	behaupten	kichern	lachen	sich wundern	beraten	lügen
betonen	kreischen	bestätigen	raunen	erklären	schwärmen	erzählen
	befehlen	verkünden	belehren	schimpfen	keifen	

2 *a) Unterstreiche in den folgenden Sätzen die Redebegleitsätze und setze die Zeichen der wörtlichen Rede.*
b) Streiche das Wort „sagte" und ersetze es durch Verben aus Aufgabe C 1. Schreibe den verbesserten Text in dein Heft.

Das war ein toller Wunsch sagte der Mann. Die Frau sagte Was wünschen wir uns als Nächstes?   Liebe Frau sagte der Mann was hältst du davon, wenn wir den Glücksring wegwerfen?   Du hast recht sagte die Frau wir brauchen ihn nicht mehr. Sie warf den Glücksring weit über die Grenzen ihres kleinen Kartoffelackers.

Zeichen in der wörtlichen Rede
Begleitsatz: „Wörtliche Rede."
„Wörtliche Rede", Begleitsatz.
„Wörtliche Rede", Begleitsatz, „wörtliche Rede."
„Wörtliche Rede?", Begleitsatz.
„Wörtliche Rede!", Begleitsatz.

D Einen Schreibplan erstellen

1 *Die Einleitung deines Märchens ist durch den Text gegeben. Greife für den Textanschluss die wörtliche Rede auf: Die Frau will sich gerade etwas wünschen. Schreibe den Redebegleitsatz und die wörtliche Rede der Frau ab und vervollständige den Zauberspruch.*

_____
_____
_____
_____

Aufgabentyp 6 – Einen angefangenen Text fortsetzen

2 *Wie könnte der Mann auf das Erscheinen des Glückstopfes reagieren? Schreibe dazu einen Satz. Verwende die Ergebnisse aus Aufgabe B 7.*

_____

_____

_____

3 *Schreibe auch für die anderen beiden Wünsche den Zauberspruch und die Reaktion der Figuren auf die Erfüllung des Wunsches auf. Passe die Zaubersprüche an die Wünsche an.*

_____

_____

_____

_____

_____

_____

_____

_____

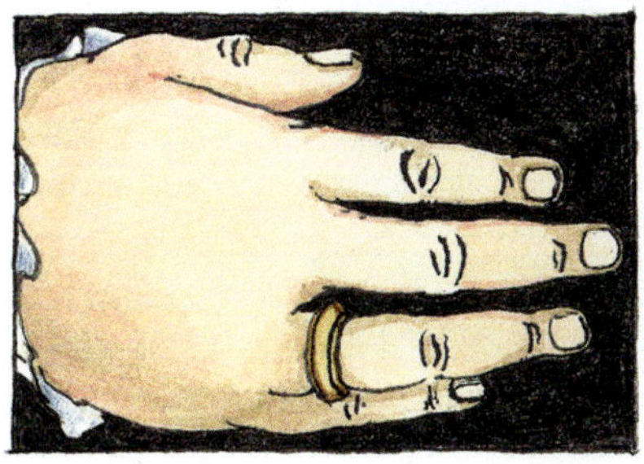

4 *Schreibe nun die vollständige Fortsetzung des Märchens „Der Glücksring" in dein Heft. Vergiss nicht, einen märchentypischen Schlusssatz anzufügen.*

E   Deinen Text überarbeiten

1 *Überprüfe mit Hilfe der Checkliste, an welchen Stellen deine Märchenfortsetzung überarbeitet werden muss.*

☑ Checkliste „Ein Märchen fortsetzen"

Hast du ...	➕	➖
☐ den Textanschluss gut formuliert, indem du die Stelle aufnimmst, an der das Märchen abbricht?	☐	☐
☐ drei Wünsche formuliert?	☐	☐
☐ immer den gleichen Zauberspruch verwendet?	☐	☐
☐ die drei Wünsche in Erfüllung gehen lassen?	☐	☐
☐ nach jedem Wunsch die Reaktion der beiden Personen beschrieben?	☐	☐
☐ auf unterschiedliche Satzanfänge geachtet?	☐	☐
☐ das Präteritum beachtet?	☐	☐
☐ in den Begleitsätzen der wörtlichen Rede abwechslungsreiche Verben verwendet?	☐	☐
☐ die wörtliche Rede im Präsens formuliert?	☐	☐
☐ die Zeichen der wörtlichen Rede richtig gesetzt?	☐	☐
☐ einen passenden Märchenschluss geschrieben?	☐	☐

PRODUKTIONSORIENTIERTES SCHREIBEN

Hanna Jansen: Gretha auf der Treppe – Einen Jugendbuchauszug fortsetzen

Lies den Auszug aus dem Roman „Gretha auf der Treppe" von Hanna Jansen. Setze den Romanauszug fort und finde einen passenden Schluss

Die Zwillinge Jule und Lump haben seit Kurzem ein kolumbianisches Au-pair-Mädchen namens Gretha, weil ihre Mutter wieder zur Arbeit geht. Der Vater der beiden ist als Journalist in den Krisenregionen der ganzen Welt unterwegs, seit einiger Zeit in Kolumbien, Grethas Heimat. Dort recherchiert er über das Leben der Straßenkinder.
Zu Jules großer Freude und Lumps Entsetzen hatte Gretha ihr „Haustier" Spiderman im Gepäck dabei. Eines Morgens befreit sich Spiderman aus seiner Salatschüssel.

Ist doch klar, dass Lump kein Sterbenswort sagt. Zugegeben, es kostet ihn beinahe übermenschliche Kraft, doch als ihre Mutter gegen Mittag anruft, um sich nach dem Stand der Dinge zu erkundigen, sagt er ihr, dass alles bestens ist.
Dabei findet er den Stand der Dinge einfach furchtbar:
5 Eine Mutter, die den Job zu Hause hingeschmissen hat und jetzt einem Mann mit Kaisernase dient, ein Vater, der sich in der Ferne mit den Krisen anderer Leute abgibt und dabei vergisst, dass er zu Hause Kinder hat, eine Schwester, die echt durchgeknallt ist und den größten Mist verzapft, eine Freundin, die wahrscheinlich nie mehr was von ihnen wissen will, und – das ist das Schlimmste! – ein Ungeheuer, das aus seiner Schüssel ausge-
10 brochen ist und sich frei im Haus rumtreibt.
Der helle Wahnsinn ist das.
Einziger Trost ist ein Kindermädchen aus Kolumbien, das eigentlich völlig überflüssig ist, aber ohne Gretha hätte Lump das alles überhaupt nicht ausgehalten.
Natürlich hat Jule Spiderman nicht wieder eingefangen! Gretha leider auch nicht. Sie
15 haben überall nach ihm gesucht, doch er bleibt verschwunden. Spurlos. Mit Entsetzen denkt Lump daran, dass fast alle Türen auf gewesen sind, als Spiderman die Flucht ergriffen hat. Auch die zu ihren Zimmern!
In der Schule hat er, noch immer unter Schock, bloß dagesessen und nichts mitgekriegt. In seinem Kopf das reinste Chaos. Und Terry neben ihm so kalt und stumm, als wäre sie
20 ein Zombie.
Dass sie ihn mit Verachtung straft, obwohl er gar nichts für die Taten seiner Schwester kann, findet er unmöglich!
Ein paar Mal hat er den Versuch gemacht, sie anzusprechen, doch das hat sie nur noch mehr gefrieren lassen und da hat er aufgegeben.
25 Der ganze Morgen nur ein Alptraum!
Und seine Schwester, die zumindest am Schlamassel mit der Spinne schuld ist, tut die ganze Zeit, als ob nichts wäre.
Seit einer halben Stunde sitzt er am Esszimmertisch, den er heute aus guten Gründen gegen seinen Schreibtisch eingetauscht hat. Vor ihm ein Haufen Hefte und Bücher, keins
30 davon geöffnet.
Wie soll er sich auf seinen Schulkram konzentrieren, solange diese Riesenspinne unterwegs ist! Ludgers Tipp für Katastrophen fällt ihm plötzlich ein. „Wenn man nicht mehr weiter weiß, Augen zu und durch!"
Auf gar keinen Fall wird er sich daran halten! *Augen zu* kommt unter diesen Umständen
35 *nicht* in Frage!

Gretha und Jule, die gleich nach dem Essen ihre Suche wieder aufgenommen haben, geistern durchs Haus. Er verfolgt sie mit den Ohren. Jule ist sogar im Keller.
„Kein Spiderman in Sicht!", hört er sie von unten rufen. „Lass uns lieber aufhören! Das hat so wahrscheinlich keinen Zweck."
40 Na toll!, denkt er verzweifelt. Sie gibt schon auf.
Gleich danach erscheinen Jule und Gretha im Esszimmer.
„Wir müssen uns was einfallen lassen", meint Jule in leichtem Ton und lässt sich auf einem der Stühle nieder.
„*Wir*?!", brüllt Lump. Seine Stimme kippt ihm aus dem Gleis. „*Du* musst dir was einfallen
45 lassen! Und zwar schnell! Ich krieg sonst einen Anfall!"

A Die Aufgabe verstehen

1 *Ergänze den Lückentext mit den unten stehenden Begriffen.*

Wortspeicher

| Schluss | Hauptteil | weitererzählst | sprachliche Stil | Anfang | Fortsetzung |

Bei dieser Art von Klassenarbeit wird von dir erwartet, dass du eine Geschichte, von der du den

_____ vor dir liegen hast, _____.

Dabei musst du besonders darauf achten, dass der _____ und deine

_____ zu der Vorlage passen. Setze für deine Geschichte einen Höhepunkt im

_____ und denke dir einen guten _____ dazu aus.

B Den Text verstehen – Eigene Ideen entwickeln

1 *Beantworte folgende Fragen in Stichworten. Lies dazu den Auszug auf Seite 32–33 noch einmal genau durch und unterstreiche Textstellen, die Antwort auf diese Fragen geben.*

a) Welche Figuren kommen vor? _____

b) Wer oder was ist Spiderman? _____

c) Was findet Lump so furchtbar? _____

d) Womit endet der Auszug? _____

e) Wessen Sichtweise erzählt die Geschichte? _____

2 *Was erfährst du über Lump? Beschreibe ihn mit eigenen Worten.*

<u>Lump ist ein Junge, er hat eine Zwillingsschwester namens Jule. Lump fühlt sich</u>

_____, weil _____

<u>Er wünscht sich</u> _____

_____

Aufgabentyp 6 – Einen angefangenen Text fortsetzen

3 *a) Wie könnte es weitergehen? Lies die Ideen.*
Hast du eine andere Idee? Notiere sie unten.
b) Kreuze die Idee an, die du für deine Fortsetzung verwenden möchtest.

☐ Lump entdeckt die Riesenspinne unter seinem Stuhl.

☐ Lump will, dass Jule Spiderman endlich wieder einfängt.

☐ Gretha hilft Jule, findet Spiderman und setzt ihn zurück in die Schüssel.

☐ _____

C Übungen

Lebendig erzählen

Sprachlich musst du deine Fortsetzung an den Beginn der Geschichte anpassen. Schau dir den Textanfang genau an und entscheide, wie du schreiben willst: **Ich-Form** oder **Er-Form**, welches **Tempus** (Zeitform)? Lebendig wirkt dein Erzählstil, wenn du **anschauliche Adjektive** und **passende Verben** sowie **wörtliche Rede** verwendest. Achte darauf, den **Höhepunkt** im Hauptteil der Geschichte spannend auszugestalten.

1 *Lege deinen Schreibstil fest. Schau dir den Text noch einmal an und kreuze an: ja oder nein? Wie willst du schreiben?*

	ja	nein
a) Ich schreibe die Geschichte in der Ich-Form.	☐	☐
Ich schreibe die Geschichte in der Er-Form.	☐	☐
b) Ich wähle das Präsens als Tempus (Zeitform).	☐	☐
Ich wähle das Präteritum als Tempus (Zeitform).	☐	☐
c) Ich verwende wörtliche Rede.	☐	☐
Ich verwende keine wörtliche Rede.	☐	☐
d) Meine Erzählweise ist sachlich.	☐	☐
Meine Erzählweise ist spannend.	☐	☐

2 *Jonas und Cansu haben eine Fortsetzung geschrieben. Kreuze an, welche Ausgestaltung des Höhepunktes gelungen ist? Begründe deine Meinung kurz.*

Jonas: Lump sitzt noch immer auf seinem Stuhl und wartet sehnsüchtig auf das erlösende Rufen von Jule, sie habe Spiderman gefunden. Oh nein, der Schlüssel! Käte ist im Anmarsch! Und von Spiderman keine Spur. Die Tür geht auf und … In diesem Moment entdeckt Lump die Riesenspinne von seinem Platz aus. Sie hängt über dem Türrahmen der Wohnzimmertür. Der Tür, durch die seine Mutter jeden Augenblick treten wird!

Cansu: Lump wartet nun schon seit Stunden darauf, dass die Spinne gefunden wird. Dann hört er seine Mutter nach Hause kommen. Dann sieht er das Tier über der Wohnzimmertür.

Aufgabentyp 6 – Einen angefangenen Text fortsetzen

D Einen Schreibplan erstellen

1 *Um eine Geschichte lebendig und spannend zu erzählen, musst du vor dem Schreiben den Aufbau festlegen (siehe Umschlag vorn). Arbeite den folgenden Schreibplan aus: Fasse für jeden Schritt den Inhalt in einem Satz zusammen.*

Die Einleitung ist mit dem Textanfang vorgegeben.

Erzählschritt 1: <u>Jule erkennt, wie sehr Lump sich vor der Riesenspinne fürchtet.</u>

Erzählschritt 2: _____

Erzählschritt 3: _____

Erzählschritt 4 / Höhepunkt: _____

Auflösung der Spannung: _____

Schluss: _____

2 *Formuliere den Textanschluss. Schreibe in dein Heft.*

Richtig anschließen
Schreibe den letzten Satz als Ausgangspunkt in dein Heft und setze die Geschichte in passender Weise fort.

3 *Schreibe den Höhepunkt in dein Heft.*

Den Höhepunkt schreiben
Der **Höhepunkt** der Geschichte sollte anschaulich und spannend erzählt werden. Dies gelingt dir, indem du wörtliche Rede verwendest (▷ Seite 30), die Gefühle und Wahrnehmungen der Figuren genau beschreibst und auf aussagekräftige Verben und zutreffende Adjektive achtest.

4 *Nur einer der folgenden Schlusssätze ist geeignet. Kreuze ihn an. Hilfe findest du im Tipp auf Seite 7 oben.*

a) ☐ Und wenn sie nicht gestorben sind, dann leben sie noch heute.
b) ☐ Jule hält die Spinne in den Händen, nur deren Beine sind zu sehen.
c) ☐ Lump ist überglücklich, und in der Salatschüssel sieht Spiderman doch ganz nett aus.
d) ☐ Gretha rennt mit der Spinne auf den völlig geschockten Lump zu und hält sie unter seine Nase.

5 *Schreibe die Fortsetzung der Geschichte als zusammenhängenden Text in dein Heft.*

E Deinen Text überarbeiten

1 *Überarbeite deinen Text mit Hilfe der Checkliste.*

✔ Checkliste „Einen Text fortsetzen"

Hast du …

	+	−
☐ einen **guten Anschluss** gefunden?	☐	☐
☐ deine Geschichte gemäß der **Spannungskurve** (Umschlag innen vorn) gegliedert?	☐	☐
☐ **spannend** und **lebendig** erzählt (Seite 34)?	☐	☐
☐ die gewählte **Erzählform** (Ich- oder Er-Form) und das **Tempus** einheitlich gestaltet?	☐	☐
☐ **Rechtschreibung** und **Zeichensetzung** überprüft?	☐	☐

NACHDENKEN ÜBER SPRACHE

Till Eulenspiegel und das Kaninchen – Rechtschreibung und Zeichensetzung überarbeiten

Überarbeite den Text, indem du alle Fehler markierst und diese bestimmst. Schreibe anschließend den Text richtig in dein Heft.

Till Eulenspiegel und das Kaninchen

Tills Meister hatte mehrere Haustire, von denen ihm ein schönes Kaninchen am liebsten war. Eines Tages musste der Meister verreisen. „Ich muss für einige Tage fort", sagte er zu Eulenspiegel. „Denk in
5 der Zeit an das Kaninchen! Ich hänge sehr an im."
Eulenspiegel wunderte sich zwar, weil er den Meister nie an dem Tier hatte hängen sehen. Aber er versprach, an das Kaninchen zu denken, solange der Meister verreist war. Als dieser siben Tage später zu-
10 rückkam, eilte er sogleich zu dem großen Stall, in dem das Kaninchen lebte. Aber wie erschrak er, als er das Tier reglos auf dem Boden liegen sah. Es atmete kaum noch. Und nigends war Futer. Nicht einmal der Rest von einer Möre und nicht ein Stück-
15 chen von einem Kohlblatt. Offenbar hatte das Kahninchen schon lange nichts zu fressen bekomen. Der Meister raufte sich die Haare.

Wutschnaubend rannte er zu Eulenspiegel? Eulenspiegel lag faul auf seinem Bett und starrte an die Decke. Was bist du doch für ein nichtsnutziger Geselle, schrie ihn der Meister an. „Habe ich dir nicht ausdrücklich befohlen, an mein Kaninchen zu denken Und was hast du gemacht!", fragte er ihn. Du hast es beinahe verhungern lassen! Hast du ihm auch nur ein einziges Mal Futter gegeben, wollte er wissen. Eulenspiegel sah seinen Meister überrascht an. „Wieso sprichst du von nachlässigkeit? Davon war nie die rede, dass ich ihm Futter gebe", sagte er harmlos. „Ich sollte nur an es denken. Und das habe ich die ganze Zeit getan. Seht nur, ich habe es mir zur sicherheit aufgeschrieben, damit ich es nicht vergesse." Und er zeigte zur decke hoch. Dort entdeckte der verdutzte meister einen Zettel, auf dem mit roten buchstaben geschrieben stand: „An das Kaninchen denken!"

A Die Aufgabe verstehen

1 *Der Lückentext hilft dir zu klären, was du tun musst. Trage die Wörter aus dem Wortspeicher passend ein.*

Wortspeicher
richtig abschreiben
markiere
bestimmen

Die Aufgabe verlangt, dass ich den Text überarbeite. Dazu muss ich

zunächst den Text aufmerksam lesen. Anschließend _____

ich alle Rechtschreib- und Zeichensetzungsfehler, die ich erkannt habe. Ich schaue mir die Fehler genau an und

versuche, die Fehlerart zu _____. Zum Schluss muss ich den Text noch einmal

_____.

Aufgabentyp 5 – Einen Text nach vorgegebenen Kriterien bearbeiten

B Eigene Ideen entwickeln

1 Die Aufgabe „Fehlerarten bestimmen" verlangt von dir, dass du die wichtigsten Rechtschreibregeln beherrschst.
a) Lies zur Wiederholung die wichtigen Regeln zu Rechtschreibung und Zeichensetzung, die in der inneren Umschlagklappe hinten im Heft zusammengefasst sind.
b) Trage die fehlenden Wörter in den Lückentext ein.

Sieben goldene Regeln zum richtigen Schreiben

Wenn du unsicher bist, wie ein Wort geschrieben wird, sprich es laut und _____.

Regel 1: Nach einem **betonten kurzen Vokal** folgen fast immer _____ Konsonanten. In den meisten Fällen kann man sie beim Hören gut unterscheiden: *Ende, Topf, Karte, denken, Hunger, Samt, fremd, halten, kalt.*

Regel 2: Hört man nur einen Konsonanten, wird der beim Schreiben meist _____: *knabbern, Pudding, Koffer, Bagger, Ball, schwimmen, Brunnen, Suppe, irren, vergessen.*

Regel 3: Die meisten **betonten langen Vokale** und Umlaute schreibt man mit _____ Buchstaben: a, ä, e, o, ö, u, ü.

Regel 4: Manchmal folgt ihnen ein _____: *Mehl, Bahn, hohl, ruht.*

Regel 5: Die meisten **Wörter mit** _____ werden mit **ie** geschrieben: *Wiese, kriechen, Tier, lieb, hier, viel.*

Regel 6: Nur in den _____ **ihm/ihn/ihr** wird das lange i als **ih** geschrieben: *Wir schenken* **ihm** *etwas.*

Regel 7: Ein Wort, dem man einen _____ voranstellen kann oder zu dem es einen Plural gibt, ist ein Nomen. Es wird _____.

---

2 In welcher Reihenfolge willst du bei deiner Textüberarbeitung vorgehen? Nummeriere die Arbeitsschritte.

☐ Fehlerarten bestimmen   ☐ Text genau lesen

☐ Fehler verbessern   ☐ Fehler erkennen

☐ Den Text verbessert abschreiben   ☐ Fehler markieren

3 Lies den Text „Till Eulenspiegel und das Kaninchen" in Ruhe.
Erst wenn du den Inhalt richtig verstanden hast, bemerkst du die Fehler.

Aufgabentyp 5 – Einen Text nach vorgegebenen Kriterien bearbeiten

C   Übungen

1 *Lies den Text ein zweites Mal und unterstreiche alle Rechtschreibfehler, die du entdeckst. Trage ein:*

Rechtschreibfehler finden sich in den Zeilen _____ bis _____ und _____ bis _____.

2 *Lies den Text erneut und unterstreiche in einer anderen Farbe alle Zeichensetzungsfehler. Trage ein:*

Zeichensetzungsfehler finden sich in Zeile _____ bis _____.

3 *Gehe nun die Rechtschreibfehler noch einmal durch: Schreibe jedes Fehlerwort in die Tabelle. Notiere in der zweiten Spalte daneben, welche der sieben goldenen Regeln (Seite 37) du anwenden kannst, um den Fehler zu berichtigen. Schreibe das verbesserte Wort jeweils in die dritte Spalte.*

Fehlerwort	Goldene Regel Nr.	Verbesserung	Fehlerwort	Goldene Regel Nr.	Verbesserung
Haustire	5	Haustiere			

4 *Ergänze die Regeln für die richtige Zeichensetzung. Hilfe findest du in der inneren Umschlagklappe hinten im Heft.*

> **Regel A:** Nach einem **Aussagesatz** steht ein _____, nach einer **Frage** ein _____ und nach einem **Ausruf** oder Befehl ein _____.
>
> **Regel B:** Die **direkte (wörtliche) Rede** in einem Text steht in _____. Geht der Begleitsatz voraus, steht ein Doppelpunkt: *Er sagte kurz: „Es ist schön."*
>
> **Regel C:** Steht der **Begleitsatz** in der Mitte oder nach der wörtlichen Rede, wird er durch ein _____ abgetrennt: *„In Rumänien", klagt Franziska, „verstehe ich niemanden." – „In England heiße ich Charles", merkt Karl an.*
>
> **Regel D:** Fragezeichen und Ausrufezeichen bleiben in der wörtlichen Rede stehen, nach den Anführungszeichen folgt das _____: *„Warum verstehe ich nichts?", klagt Franziska. – „Nenn mich Charles!", ruft Karl.*

Aufgabentyp 5 – Einen Text nach vorgegebenen Kriterien bearbeiten

D   Den Text verbessern

1 *Schreibe Zeile 18 bis 25 des Textes auf Seite 36 mit verbesserter Zeichensetzung ab.*

_____

2 *Lasse dir den gesamten Text „Till Eulenspiegel und das Kaninchen" diktieren. Schreibe in dein Heft.*

E   Deinen Text überarbeiten

1 *Überarbeite dein Diktat mit Hilfe der folgenden Checkliste zur Textüberarbeitung. Verbessere deine Fehler.*

☑ Checkliste „Texte überarbeiten – Fehler finden"

Hast du ...   ➕   ➖

- Wörter, bei deren Schreibung oder Überarbeitung du unsicher warst, **laut** und **deutlich gesprochen**?   ☐ ☐
- einen betonten **langen oder kurzen Vokal** herausgehört?   ☐ ☐
- geprüft, ob du einen oder zwei Konsonanten nach einem betonten kurzen Vokal hörst, und Regel 1 sowie Regel 2 (Seite 37) angewendet?   ☐ ☐
- zur Überprüfung der **Groß- und Kleinschreibung** die Artikelprobe oder die Pluralprobe ausgeführt?   ☐ ☐
- **Aussagesätze** mit einem Punkt, Fragesätze mit einem Fragezeichen und Ausrufesätze mit Ausrufungszeichen abgeschlossen?   ☐ ☐
- alle **Anführungszeichen** bei wörtlicher Rede gesetzt?   ☐ ☐
- Begleitsätze am Anfang der wörtlichen Rede mit einem **Doppelpunkt** versehen?   ☐ ☐
- Begleitsätze in der Mitte oder am Ende der wörtlichen Rede mit einem **Komma** nach dem Anführungszeichen abgetrennt?   ☐ ☐
- Fragezeichen oder Ausrufungszeichen am Ende der wörtlichen Rede erhalten?   ☐ ☐
- in Zweifelsfällen **im Wörterbuch nachgeschlagen**?   ☐ ☐

NACHDENKEN ÜBER SPRACHE

Projekttage „Die Zukunft gestalten" – Einen Text überarbeiten

Stell dir vor, deine Schule hat Projekttage zum Thema „Die Zukunft gestalten" durchgeführt. Die Schülerzeitschrift will die Projektberichte der einzelnen Arbeitsgruppen veröffentlichen. Als Mitglied des Redaktionsteams sollst du die Beiträge verbessern:
Überarbeite den folgenden Text „Eine Stadt aus Holz", indem du die verschiedenen grammatischen Proben durchführst.

(1) Ich arbeitete in der Projektgruppe „Eine Stadt aus Holz." (2) Sehr früh trafen wir uns am Donnerstag.

(3) Wir präsentierten unsere Ideen . (4) Dann ging es los. (5) Um 9:30 Uhr wurde das Baumaterial geliefert.

(6) Wir bauten wegen der knappen Zeit nur zwei große Holzhäuser. (7) Wir strichen die Häuser in Rot und

Blau und statteten sie schön aus. (8) Wir stellten unsere Projekte vor. (9) Alle waren begeistert.

A Die Aufgabe verstehen

1 Unterstreiche in der Aufgabenstellung den entscheidenden Arbeitsauftrag.
Vergleiche deine Lösung mit dem Lösungsheft.

B Stoff sammeln – Eigene Ideen entwickeln

1 a) An welchen Stellen wirkt der Text besonders eintönig? Unterstreiche diese.
b) An welchen Stellen ist der Text ungenau? Formuliere dazu Fragen, z.B.: Wohin wurde das Baumaterial geliefert? Notiere die Frageworte auf den Schreiblinien unterhalb der Sätze.

Aufgabentyp 5 – Einen Text nach vorgegebenen Kriterien bearbeiten

C Übungen

Die grammatischen Proben helfen dir, einen Text so umzuarbeiten, dass er genauer und abwechslungsreicher wird.

1 *Was erreiche ich mit den verschiedenen Proben? Ordne durch Verbindungslinien zu.*

Satzglieder durch andere Wörter ersetzen	Erweiterungsprobe
Die wichtigste Information betonen, indem sie an den Anfang oder das Ende des Satzes gerückt wird	Weglassprobe
Satzglieder hinzufügen, um genauere Aussagen zu erzielen	Umstellprobe
Überflüssige Informationen streichen	Ersatzprobe

Die Umstellprobe

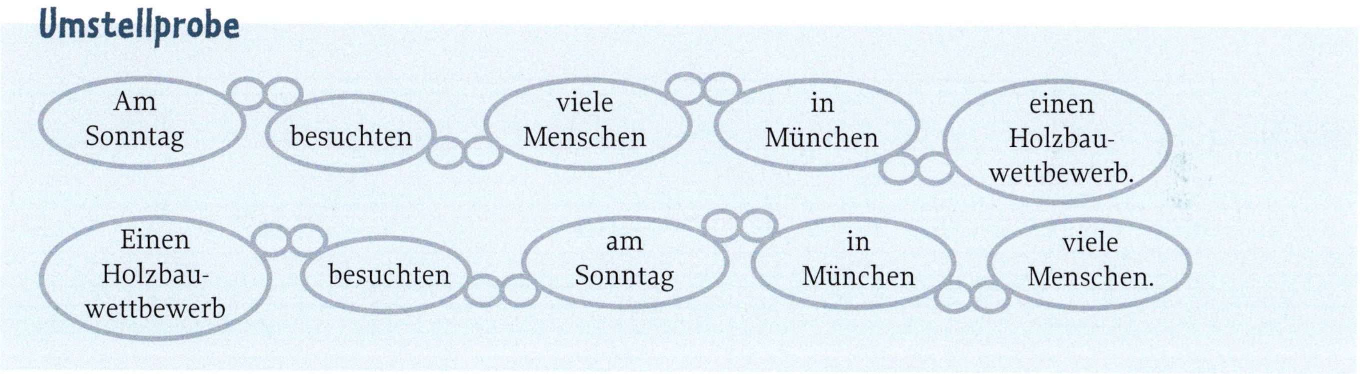

Umstellprobe

Am Sonntag – besuchten – viele Menschen – in München – einen Holzbauwettbewerb.

Einen Holzbauwettbewerb – besuchten – am Sonntag – in München – viele Menschen.

Mit der **Umstellprobe** kann man feststellen, welche Wörter gemeinsam ein **Satzglied** bilden: Sie bleiben bei den Umstellungen zusammen. Will man ein Satzglied besonders betonen, kann man es an den Anfang oder Schluss eines Satzes stellen.

2 *Führe für die Sätze (2) und (6) die Umstellprobe durch.*

<u>Sehr früh trafen wir uns am Donnerstag.</u>

_____

_____

_____

<u>Wir bauten wegen der knappen Zeit nur zwei große Holzhäuser.</u>

_____

_____

_____

_____

Aufgabentyp 5 – Einen Text nach vorgegebenen Kriterien bearbeiten

Die Ersatzprobe

Ersatzprobe

Wörter, die sich häufig wiederholen, lassen sich mit der **Ersatzprobe** ersetzen:

Ich kenne ein tolles Projekt. Das Projekt wird in unserer Schule durchgeführt.
　　　　　　　　　　　　　　Es

Deine Texte werden dadurch besser und verständlicher.

3 *Vermeide in den Sätzen (3), (6) und (7) die Wiederholung des Pronomens „wir".*

Satz (3): _____

_____

Satz (6): _____

_____

_____

Satz (7): _____

_____

_____

Die Erweiterungsprobe

Erweiterungsprobe

Wer etwas erzählt oder berichtet, vergisst manchmal, dass die Zuhörenden ja nicht dabei waren, und lässt Wichtiges weg.
Mit der **Erweiterungsprobe** kann man prüfen, ob eine Aussage genau genug ist:

　　　　　　　　　　　　　　Wir stellen unser Projekt vor.

Wann? Am Ende der Projektwoche　　**Wem?** Eltern und Schülern　　**Wozu?** zum Thema „Eine Stadt aus Holz"

4 *Füge mit Hilfe der Erweiterungsprobe die folgenden Angaben in den Text auf Seite 40 ein.*

beim Schulfest	zuerst	sodann
in Raum A 107	wegen des großen Zuspruchs	
auf dem Pausenhof	mit selbst gebastelten Möbeln	
mit großem Eifer	am Freitagnachmittag	

Gehe dabei so vor:　　　　　　　　　　　in Raum A 107

Sehr früh trafen wir uns am Donnerstag.

D Den Text schreiben

1 *Schreibe den Text in überarbeiteter Form auf. Lasse jeweils eine Linie frei.*

_____

_____

_____

_____

_____

_____

_____

_____

_____

_____

_____

_____

_____

_____

_____

_____

_____

_____

E Deinen Text überarbeiten

1 *Du hast den Text bearbeitet und durch die grammatischen Proben genauer und abwechslungsreicher gestaltet. Prüfe anhand der Checkliste, ob du alle Aufgaben erfüllt hast.*

2 *Schreibe Verbesserungen oben auf die freien Linien über deinen Text.*

✓ Checkliste „Textüberarbeitung mit den grammatischen Proben"

Hast du ...   ➕ ➖

☐ alle Angaben aus dem Wortspeicher in den Text eingesetzt?
  TIPP: Wörter im Wortspeicher abstreichen!
☐ in deinem neuen Text die Änderungen durch Umstellprobe und Ersatzprobe übernommen?
☐ beim Abschreiben des Textes auf die Großschreibung der Nomen geachtet?
  TIPP: Auf Nomensignale achten!
☐ an die Überschrift des Artikels gedacht?

■ LESEN – UMGANG MIT TEXTEN UND MEDIEN

Potilla, die Feenkönigin – Fragen zum Romananfang beantworten

> Untersuche die Stimmung am Anfang des Romans „Potilla und der Mützendieb".
> Beantworte dazu die folgenden Fragen:
> a) Was erfährst du über die Hauptfiguren?
> b) Wie wird der Ort der Handlung beschrieben?
> c) Was geschieht (Handlung)?

Cornelia Funke

Potilla und der Mützendieb

Potilla, die Feenkönigin, lebte mit ihrem Volk in einem Wald. Groß und dunkel war er. Und uralt. Die Bäume dort hatten Bärte aus Moos und zwischen ihren dicken Wurzeln wuchsen Pilze und Fingerhüte. Haselnusssträucher und wilde Äpfel wucherten ineinander. Es gab Riesenfarne und morsche Baumstämme. In sumpfigen Tümpeln lagen umgestürzte Baumriesen, in die junge Schösslinge ihre Wurzeln krallten.

Durch den Wald huschten Lebewesen auf zwei, vier und tausend Beinen. Fedrige und fellige, schuppige und glänzend-glitschige Tiere raschelten, schlichen und hüpften durch das endlose Grün. Und am Rande einer Lichtung, verborgen unter Haselnuss und Schwarzdorn, lag der Feenhügel. Wie ein pelziger Rücken wölbte er sich unter dem Gras. Nur ein dunkles Loch, kaum groß genug für ein Kaninchen, führte ins Innere. Dort aber verbarg sich eine andere Welt. Potillas Volk bewohnte diesen Hügel seit zahllosen Sommern und Wintern. Sie waren Waldfeen, feingliedrig, spitznasig und menschenscheu, schnell beleidigt und sehr nachtragend. Immer wenn es dämmerte, kamen sie aus ihrem Hügel, um zu tanzen und zu lachen und die Sterne zu begrüßen. Und erst mit dem neuen Tag verschwanden sie wieder in ihre Welt.

Kein Bewohner des alten Waldes hatte jemals das Innere des Feenhügels betreten. Denn Potilla, die Feenkönigin, verstand etwas von Zauberei und hatte die Geheimnisse ihrer Welt hinter einem Netz von kleinen Schutzzaubern verborgen. An einem warmen Spätsommerabend aber kam jemand in den Wald, der wusste, wie ihr Netz zu zerreißen war. Er kam von weit, weit her und hatte gleich gespürt, dass er einen Feenwald gefunden hatte. „Aaaah!", raunte er. „Da sind sie ja! Dumme kleine Dinger. Tanzen wieder, singen Lieder. Baah!" Schon lange war er auf Feensuche. Denn er war alt. Die Zeit nagte an ihm mit ihren scharfen Zähnen. Sein Haar war schütter und grau geworden, seine Haut fahl und runzelig. Beim Gehen zog er das Bein nach. Doch er kannte eine Medizin gegen das Alter. Er war angekommen, um in einem Feenhügel zu schlafen – an dem einzigen Ort auf Erden, wo die Zeit stillsteht und die Ewigkeit zu Hause ist. Dort unten würden seine vielen Jahre dahinschmelzen wie Raureif in der Sonne. Bloß die albernen kleinen Dinger musste er verjagen. So wie er es schon oft getan hatte, um sein Leben zu verlängern. Mit einem Rascheln, das nicht lauter war als das Flüstern des Windes, schob er die Schwarzdornzweige auseinander und starrte gierig auf den grünen Hügel.

Mitten auf dem Hügel, im Schatten der Bäume, tanzte eine Fee. Ihre Mütze war rot. Rot wie Klatschmohn. Es war Potilla, die Feenkönigin.

Aufgabentyp 4a – Einen literarischen Text mit Hilfe von Fragen untersuchen

A Die Aufgabe verstehen

1 *Prüfe, ob du verstanden hast, was du genau machen sollst. Kreuze für jede Aussage an, ob sie richtig oder falsch ist.*

Ich soll...   richtig   falsch

a) ein Bild vom Handlungsort malen. ☐ ☐
b) wichtige Textstellen unterstreichen. ☐ ☐
c) die Reihenfolge der Fragen beachten. ☐ ☐
d) mit Hilfe der Fragen den Text nacherzählen. ☐ ☐
e) Fragen zum Text beantworten. ☐ ☐
f) die Antworten mit eigenen Worten formulieren. ☐ ☐
g) meine Meinung über den Text schreiben. ☐ ☐
h) als Tempus das Präsens verwenden. ☐ ☐
j) das Tempus des Textes (Präteritum) verwenden. ☐ ☐

B Den Text verstehen – Eigene Ideen entwickeln

1 *Kläre, ob du die wichtigen Inhalte des Textes verstanden hast. Kreuze jeweils die richtige Aussage an.*

a) Die Geschichte spielt...

☐ in einem dunklen Tannenwald.   ☐ in einem hellen Birkenwald.
☐ in einem Wald, in dem viele Pflanzen   ☐ in einem Wald, in dem nie die Sonne scheint.
 durcheinanderwachsen.

b) Es gibt   ☐ zwei   ☐ drei   ☐ vier   ☐ viele Hauptfiguren.

c) In dem Wald leben   ☐ Zwerge.   ☐ Feen.   ☐ Riesen.   ☐ Elfen.

d) Gegen Ende der Textstelle...

☐ streiten sich die Hauptfiguren.   ☐ tritt eine Gestalt ohne Namen auf.
☐ hält die Feenkönigin Potilla eine Rede.   ☐ tanzen die Feen im Abendlicht.

2 *Markiere im Text auf Seite 44 wichtige Textstellen zu*
  a) *Hauptfiguren,*
  b) *Ort,*
  c) *Handlung.*
  Trage ein, welche Fragen der Teilaufgabe die markierten Textstellen beantworten.

Ich markiere Textstellen,	Die markierte Textstelle gibt Antwort auf die Frage in Teilaufgabe:
in denen eine Figur zum ersten Mal auftritt.	a)
in denen sich etwas Besonderes ereignet.	
in denen etwas über die Figur ausgesagt wird.	
in denen angedeutet wird, dass bald etwas geschehen könnte.	
in denen die Stimmung im Wald beschrieben wird.	

45

Aufgabentyp 4a – Einen literarischen Text mit Hilfe von Fragen untersuchen

C Übungen

1 *Wie wird der **Ort der Handlung** beschrieben? Markiere in unterschiedlichen Farben im Text alle Ausdrücke, die die Stimmung im Wald veranschaulichen. Lege nach dem folgenden Muster eine Tabelle in deinem Heft an. Trage die Ausdrücke dort ein.*

Textausschnitt (Z. 1–16)	Adjektive	Verben	Nomen (Pflanzen)	bildhafte Sprache
Potilla, die Feenkönigin, lebte mit ihrem Volk in einem Wald. Groß und dunkel war er. Und uralt. Die Bäume dort hatten Bärte aus Moos und zwischen ihren dicken Wurzeln wuchsen Pilze und Fingerhüte. Haselnusssträucher und wilde Äpfel wucherten ineinander. Es gab Riesenfarne und morsche Baumstämme. In sumpfigen Tümpeln lagen umgestürzte Baumriesen, in die junge Schösslinge ihre Wurzeln krallten. Durch den Wald huschten Lebewesen auf zwei, vier und tausend Beinen. Fedrige und fellige, schuppige und glänzend-glitschige Tiere raschelten, schlichen und hüpften durch das endlose Grün. Und am Rande einer Lichtung, verborgen unter Haselnuss und Schwarzdorn, lag der Feenhügel. Wie ein pelziger Rücken wölbte er sich unter dem Gras.	groß, dunkel uralt	rascheln	Pilze und Fingerhüte	Bärte aus Moos

2 *Was erfährst du über die Hauptfiguren? Ergänze die Lücken im Text durch Begriffe aus dem Wortspeicher.*

In der Textstelle treten zwei Hauptfiguren auf, nämlich _____, die Feenkönigin, und eine Gestalt, deren _____ wir nicht kennen. _____ ist wie die anderen Waldfeen _____ und hat eine _____ Nase. _____ ist gut zu erkennen, denn sie trägt eine _____ Mütze. Zusammen mit den anderen Waldfeen _____ und _____ sie am Abend auf ihrem _____. Über Potilla wissen wir außerdem, dass sie die Geheimnisse des Feenhügels durch _____ verborgen hat. Die andere Hauptfigur, die Gestalt ohne Namen, ist sehr _____, was man an den grauen Haaren und der faltigen Haut sieht. Außerdem hinkt sie. Sie will die Feen von ihrem Hügel verjagen, um dort zu schlafen, weil dies ihr Leben _____ würde. Die Figur _____ „gierig" auf den Feenhügel. Die Stimmung wirkt bedrohlich, weil die Gestalt ohne Namen den Feen etwas _____ antun will.

Wortspeicher
alt
Feenhügel
Namen
Potilla (3x)
Böses
rote
Schutzzauber
sehr zart
singt
spitze
starrt
tanzt
verlängern

Aufgabentyp 4a – Einen literarischen Text mit Hilfe von Fragen untersuchen

D Einen Schreibplan erstellen

1 *Ordne nun die Informationen aus Teil B und Teil C den Teilaufgaben a) bis c) zu. Übertrage die Übersicht ins Heft und notiere Stichworte.*

Fragen	Wichtige Stichworte	Zeilen im Text
… Hauptfiguren	Wie heißt die Feenkönigin?	
	Wie sehen die Feen aus?	
	Wie verhalten sie sich?	
	Wer tritt noch auf?	
	Wie ist er beschrieben?	
… Ort (der Handlung)	Wo spielt die Handlung?	
	Was ist das Besondere an dem Ort?	
	Wie ist die Stimmung?	
… Handlung	Was machen die Feen?	
	Was verändert die Situation?	
	Welche Absicht hat die Gestalt ohne Namen?	

2 *Was geschieht? Gib die Handlung des Romananfangs schriftlich in deinem Heft wieder, indem du die Bausteine aus den Wortspeichern (1 bis 3) verbindest.*

1
Zu Beginn des Textausschnittes …
In der Mitte …
Gegen Ende des Textausschnittes …

2
wird dargestellt
wird beschrieben
erfährt man
tritt … auf

3
wie die Feen leben.
dass die Feen gegen Abend tanzen und singen.
die Stimmung im Feenwald
eine Gestalt, deren Namen wir nicht kennen

E Deinen Text überarbeiten

1 *Überarbeite deinen Text (D2) mit Hilfe der Checkliste.*

✓ Checkliste „Fragen zum Text beantworten"

Hast du …   **+**   **−**
- ☐ den Text **genau gelesen** und verstanden?   ☐   ☐
- ☐ die **Fragen** zu den Aufgabenteilen a) bis c) **beantwortet**?   ☐   ☐
- ☐ **mit eigenen Worten** geschrieben?   ☐   ☐
- ☐ die Stimmung beschrieben, die der Text hervorruft? ☐   ☐
- ☐ **Rechtschreibung** und **Zeichensetzung** geprüft? ☐   ☐

LESEN – UMGANG MIT TEXTEN UND MEDIEN

Ein exotischer Frechdachs – Sachtexte für Informationen nutzen

1. Lies den Text „Der Honigdachs – Ein Leckermaul auf der Jagd" und arbeite heraus, was du alles über den Honigdachs erfährst.
2. Beschreibe, was die Abbildungen zeigen, und erkläre, wie sie zu dem Text passen.
3. Nimm Stellung zu der Behauptung, der Honigdachs sei „das gemeinste Tier der Welt".

Der Honigdachs – Ein Leckermaul auf der Jagd

Vor einem Honigdachs nehmen selbst Giftschlangen Reißaus. Denn er gehört zu den zähesten Räubern Afrikas und Südwestasiens und hat vor allem eines: immer Hunger.

Auf den ersten Blick sieht der kleine Kerl, der im Dämmerlicht durch die südafrikanische Kalahari-Wüste streift, ganz friedlich aus – Stupsnase, schwarz-braunes Fell, Kopf und Rücken in Silbergrau. Und doch hat der Honigdachs einen schrecklichen Ruf: Angriffslustig, jähzornig und grausam sei er, „das gemeinste Tier der Welt", wie ihn der Schriftsteller Robert Ruark genannt hat.

Eine maßlose Übertreibung! Der Honigdachs ist zwar tatsächlich ständig auf der Jagd. Doch mit Gemeinheit hat das nichts zu tun. Honigdachse haben einfach immer Hunger! Während andere Raubtiere nach einer Mahlzeit erst einmal in Ruhe verdauen, geht es für den meist nachtaktiven Dachs sofort weiter. Ständig in Bewegung, muss er oft und viel fressen.

Sein Speiseplan umfasst eine bunte Mischung: Eidechsen, Ratten und Vögel gehören dazu, aber auch Tiere, die größer sind als er selbst, wie zum Beispiel Antilopen – und sogar Giftschlangen!

Zudem schleckt der Jäger gern Süßes, vor allem Honig! Um an diese Leckerei zu gelangen, folgt der Marder einem kleinen, aufmerksamen Singvogel, dem Honiganzeiger, der ihn zu einem Bienenstock lockt.

Alice Lanzke

Aufgabentyp 4b – Durch Fragen geleitet aus Texten Informationen ermitteln, diese vergleichen und daraus Schlüsse ziehen

A   Die Aufgabe verstehen

1 *Kreuze für jede Aufgabe an: richtig oder falsch?*

	richtig	falsch
a) Ich muss die Abbildungen beschreiben.	☐	☐
b) Ich muss dem Text Informationen entnehmen.	☐	☐
c) Ich muss die Informationen, die ich durch die Abbildungen erhalte, unabhängig vom Text verstehen.	☐	☐
d) Ich muss eine Inhaltsangabe des Textes schreiben.	☐	☐
e) Ich muss zu einer Aussage im Text Stellung nehmen.	☐	☐
f) Ich muss die Informationen, die Text und Abbildung geben, zueinander in Beziehung setzen.	☐	☐

2 *In welcher Reihenfolge musst du vorgehen? Ordne die Schritte zu, indem du eine Linie ziehst.*

Schritt 1:	Du siehst dir die Abbildungen genau an und überlegst, wie sie zum Text passen.
Schritt 2:	Du bildest dir eine eigene Meinung: Stimmt die Behauptung in der Aufgabe?
Schritt 3:	Du liest den Text „aktiv", d. h.: mit dem Stift in der Hand. Dabei markierst du das Wichtigste (Schlüsselwörter, Kernstellen).
Schritt 4:	Du vergewisserst dich, ob du alle wichtigen Informationen herausgearbeitet hast. Gliedere dazu den Text in Abschnitte.

(Schritt 1 ist mit Schritt 3 verbunden.)

B   Den Text verstehen – Stoff sammeln

1 *Lies den Text „aktiv": Markiere **Schlüsselwörter** im Text.*

2 *Stelle W-Fragen an den Text und beantworte diese.*

TIPP

Schlüsselwörter sind, auf die erste Teilaufgabe bezogen, Informationen zu
☐ dem Aussehen des Honigdachses: „schwarzbraunes Fell", ...
☐ dessen Verhalten: „angriffslustig", ...
☐ seinem Vorkommen: „südafrikanische Kalahari-Wüste" ...
☐ seinen Besonderheiten: „schrecklicher Ruf", ...

Wer? _____

Was? _____

Wann? _____

Wo? _____

Wie? _____

Warum? _____

49

Aufgabentyp 4b – Durch Fragen geleitet aus Texten Informationen ermitteln, diese vergleichen und daraus Schlüsse ziehen

3 a) Gliedere den Text in Sinnabschnitte.
b) Formuliere Zwischenüberschriften. Schreibe sie mit Zeilenangabe auf.

_____ Zeile: _____

_____ _____

_____ _____

_____ _____

_____ _____

C Übungen

1 Ordne die wichtigsten Informationen aus dem Text den folgenden Gliederungspunkten zu. Trage sie in die Tabelle ein.

> **TIPP**
> Tabellen helfen dir, Informationen übersichtlich zu ordnen.

Gliederungspunkte	Informationen aus dem Text
1. Vorkommen	Afrika und Südwestasien
2. Aussehen (Farbe, Größe …)	
3. Ernährung	
4. Verhalten	ständig in Bewegung,
5. Besonderheiten	

2 Vergewissere dich, ob du die wichtigsten Informationen erfasst hast. Kreuze die richtige Antwort an:

a) Warum ist der Honigdachs ständig auf der Jagd?

☐ weil er sehr aggressiv ist ☐ weil er immer Hunger hat

☐ weil er jähzornig und grausam ist ☐ weil er Bewegung braucht

b) Wovon ernährt sich der Honigdachs?

☐ nur von Eidechsen und Ratten ☐ von Tieren und von Honig

☐ nur von Tieren, die kleiner sind als er ☐ von Insekten

c) Mit welchem Tier arbeitet der Honigdachs zusammen?

☐ mit Giftschlangen ☐ mit Antilopen

☐ mit einem kleinen Vogel ☐ mit dem Ameisenbären

3 Überlege, zu welcher Stelle im Text die **Abbildungen** passen. Gib die Zeilen an und begründe.

_____

_____

_____

_____

Aufgabentyp 4b – Durch Fragen geleitet aus Texten Informationen ermitteln, diese vergleichen und daraus Schlüsse ziehen

4 *Überlege, was die Abbildungen darstellen, und formuliere jeweils eine **Bildunterschrift**.*

Bildunterschrift zu Abbildung 1: _____

Bildunterschrift zu Abbildung 2: _____

D Einen Schreibplan erstellen

1 a) *Ergänze den Einleitungssatz für die erste Aufgabe aus dem Wortspeicher:*
b) *Fasse weitere Informationen aus dem Text mit eigenen Worten im Heft zusammen (s. Aufgaben C 1 und C2).*

Der Honigdachs ist ein kleines, _____ _____, das in

_____ und _____ lebt und ständig auf der _____ ist.

Wortspeicher
Südwestasien
Raubtier
Afrika
Jagd
nachtaktives

2 *Ergänze den Text über die Abbildungen mit den Begriffen aus dem Wortspeicher.*

Der _____ sucht nach Bienenstöcken und fliegt dorthin.

Sofort folgt ihm der _____. Der Vogel pickt den

_____ auf, um an Larven zu gelangen. Dadurch gelangt der

Honigdachs an den _____, den er so gern mag.

Wortspeicher
Bienenstock
Honigdachs
Honig
Honiganzeiger

3 *Bilde dir deine Meinung zu dem schlechten Ruf des Honigdachses, der im Text zitiert wird.*
a) *Was wird über den Honigdachs gesagt? Gib das Zitat wieder und benenne die Textstelle.*

_____

b) *Hältst du diesen Ruf für berechtigt? Begründe deine Meinung.*

_____

4 *Bearbeite die Aufgabenstellung von Seite 48 zusammenhängend. Schreibe den ausformulierten Text in dein Heft.*

E Deinen Text überarbeiten

1 *Überarbeite deinen Text (D 4) mit Hilfe der folgenden Checkliste.*

✓ Checkliste „Aus Texten Informationen ermitteln"

Hast du ...   ⊕   ⊖
- **Schlüsselwörter** markiert?   □   □
- den Text in **Sinnabschnitte** gegliedert?   □   □
- **Zwischenüberschriften** zu den Sinnabschnitten geschrieben?   □   □
- die **Abbildungen** in einem kleinen Text erklärt?   □   □
- **Stellung** zu der Behauptung **genommen**, dass der Honigdachs „das gemeinste Tier der Welt" ist? □   □

LERNSTAND TESTEN
Das kann ich schon – Test für die Jahrgangsstufe 5

Mit dem folgenden Test kannst du feststellen, ob du wichtige Unterrichtsstoffe des 5. Schuljahres tatsächlich beherrschst. Er bereitet dich auf spätere Lernstandstests vor und zeigt dir, welche Aufgabenarten dich dort erwarten.

Lies folgenden Text und bearbeite dann die Aufgaben auf den Seiten 53 bis 54 dazu.

Uwe Timm

Rennschwein Rudi Rüssel

Zuppi und ihre Familie kaufen auf einem Dorffest einige Lose. Zuppi, die kleine Schwester des Erzählers, gewinnt den Hauptpreis, ein Ferkel.

„Du hast Schwein. Du hast nämlich ein kleines Schwein gewonnen." Und dann hob der Mann ein Ferkel aus einer Kiste und drückte es Zuppi in die Arme. Die Leute klatschten und lachten. Zuppi schleppte breit grinsend das Ferkel zu unserem Tisch und setzte es Mutter auf den Schoß. Es war ein sauberes rosiges Tier, mit einer dicken Schnauze, kleinen flinken Äuglein und großen Schlappohren. Es sah wirklich niedlich aus, trotzdem machte Vater ein finsteres Gesicht. Als ein Bauer, der an unserem Tisch saß, uns zu dem Ferkel gratulierte, lächelte Vater gequält. Man muss wissen, Vater mag keine Haustiere. Tiere gehören nicht ins Haus, sagt er immer. Und jetzt hatte Mutter dieses Ferkel auf dem Schoß und kraulte ihm das eine Schlappohr.

„Niedlich, nicht", sagte Zuppi begeistert, „guck mal, dieser kleine Ringelschwanz." Vater nahm die Pfeife aus dem Mund. „Ganz nett", sagte er, „aber wenn wir gehen, dann gibst du das Tier zurück!"

„Nein", rief Zuppi, „ich hab das gewonnen. Das gehört mir."

„Wir können das Tier doch nicht mitnehmen."

Da begann Zuppi zu weinen, und wenn sie weint, dann tut sie das ziemlich laut. Von den anderen Tischen sahen sie herüber. Warum weinte das kleine Mädchen, das doch eben ein Glücksschwein gewonnen hatte?

Vater, der schon die Hand ausgestreckt hatte, um das Ferkel auf den Boden zu setzen, zog die Hand wieder zurück. Die Leute am Nachbartisch sahen ihn finster an. Es hatte aber auch so ausgesehen, als habe er dem Ferkel einen Klaps geben wollen.

„Gut, gut", sagte Vater, „dann behalt das Vieh erstmal." Vater zahlte, und wir gingen zum Auto zurück. Wir mussten ziemlich lange laufen, obwohl wir den kürzesten Weg nahmen. Das Ferkel mussten wir tragen.

Denn wenn wir es laufen ließen, wollte es uns einfach nicht folgen, sondern rannte mal hierhin und mal dahin. Es ist erstaunlich, wie schwer Ferkel sind, viel schwerer als gleich große Hunde.
Schließlich konnten wir nicht mehr, obwohl wir drei Kinder uns beim Tragen immer wieder abwechselten. Mutter schleppte es eine lange Strecke. Sie trug das Ferkel wie eine Sofarolle unter dem Arm. Als sie nicht mehr konnte, wollte sie es Vater zum Tragen geben. Aber der sagte: „Wenn ihr das Tier mitnehmen wollt, dann müsst ihr es auch allein tragen." Wir fanden das ziemlich gemein, sagten aber vorsichtshalber nichts.

Als wir endlich zum Auto kamen, waren wir fix und fertig. Mutter nahm das Ferkel auf den Schoß, damit es nicht die Polster schmutzig machte. Dabei war es ganz sauber.

„Schweine sind immer dreckig", sagte Vater, „sie lieben den Dreck. Was meint ihr wohl, woher das kommt, wenn man sagt, jemand isst wie ein Schwein, oder das Zimmer ist ein richtiger Schweinestall?" Es war natürlich klar, was er damit meinte, unser Kinderzimmer natürlich.

Wir waren noch nicht weit gefahren, da schrie Mutter auf. Das Ferkel hatte ihr auf das Kleid gepinkelt. „Jetzt reicht's", sagte Vater. Beim nächsten Bauernhof hielt er an.

Lernstandstest: Aufgabenarten trainieren

Multiple-Choice-Aufgaben

TIPP

Bei einer Multiple-Choice-Aufgabe („Auswahlaufgabe") musst du unter mehreren Lösungen die richtige auswählen und ankreuzen. Hier gibt es **immer** nur **eine richtige Antwort**. In **seltenen** Fällen wirst du nach der **falschen Aussage** gefragt. Setze auch dann nur **ein Kreuz**.

 Antworten, die dir nicht ganz falsch, aber auch nicht ganz richtig vorkommen, kreuze **nicht** an.

1 *Welche Aussage zum Romanauszug „Rennschwein Rudi Rüssel" ist richtig? Kreuze an.*

Rudi Rüssel kommt

a) ☐ aus einem Tierheim.
b) ☐ aus einer Zoohandlung.
c) ☐ von einem aufgelösten Bauernhof.
d) ☐ als Hauptgewinn von einem Dorffest.

Richtig-Falsch-Aufgaben

TIPP

Bei einer Richtig-Falsch-Aufgabe musst du entscheiden, ob eine Aussage richtig oder falsch ist. Oft hängt die Entscheidung für „richtig" oder „falsch" nur von einem Ausdruck ab. **Lies** darum **sehr genau**.

 Bei dieser Aufgabenart musst du **für jede Aussage ein Kreuz** an der entsprechenden Stelle (richtig/falsch) setzen.

2 *Entscheide, welche der folgenden Aussagen richtig und welche falsch ist. Kreuze an.*

	richtig	falsch
a) Der Vater will Zuppi nicht erlauben, das Ferkel mit in die Wohnung zu nehmen, weil das Wohnzimmer sonst bald ein richtiger Schweinestall wäre.	☐	☐
b) Die Kinder haben das Ferkel bald in ihr Herz geschlossen.	☐	☐
c) Der Großvater hatte schon vorher einige Erfahrungen mit Ferkeln gemacht.	☐	☐
d) Ein Ferkel wiegt ungefähr so viel wie ein gleich großer Hund.	☐	☐
e) Die Kinder sagen dem Vater, dass er gemein sei, weil er ihnen das Ferkel wegnehmen wolle.	☐	☐
f) Die Mutter mag das Tier auch nicht.	☐	☐
g) Das Ferkel pinkelt der Mutter auf das Kleid	☐	☐

Lernstandstest: Aufgabenarten trainieren

3 *Welche der folgenden Aussagen ist richtig, welche ist falsch? Kreuze an.*

	richtig	falsch
a) Zuppi ist sehr traurig, als sie das Ferkel gewinnt.	☐	☐
b) Zuppi weint, weil sie das Schweinchen hässlich findet.	☐	☐
c) Zuppi, ihre Geschwister und die Mutter tragen das kleine Schwein zum Auto.	☐	☐
d) Der Vater bringt das Schwein zum Auto.	☐	☐
e) Das Schwein ist ziemlich leicht.	☐	☐
f) Als die Kinder beim Auto ankommen, sind sie vom Tragen erschöpft.	☐	☐

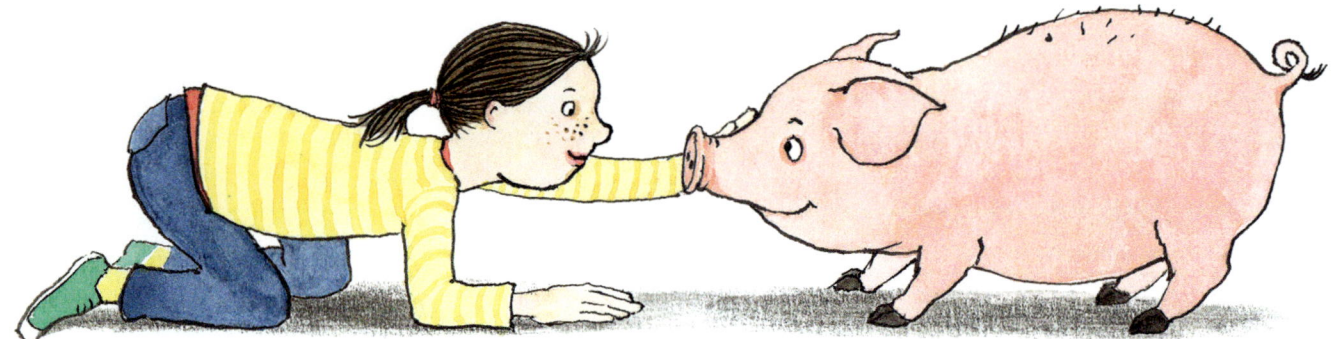

Zuordnungsaufgaben

TIPP
Bei einer Zuordnungsaufgabe (auch Matching-Aufgabe, von Englisch *to match* „zusammenpassen") musst du aus einer Menge von Wörtern, Satzteilen oder Sätzen **zusammengehörende Paare bilden**. Dabei ist der Inhalt entscheidend.

 Wende in Zweifelsfällen das Ausschlussverfahren an: Bilde **zuerst die Paare, bei denen du ganz sicher bist**. Dann bleiben nur wenige Paare übrig und die Zuordnung fällt dir leichter.

4 *Kennst du Sprichwörter? Bilde aus den folgenden Satzteilen sinnvolle Paare, indem du sie durch Linien verbindest.*

Sprichwörter rund ums Schwein

a) So ein Glück, da hast du aber	wie ein Schweinestall.
b) Du isst	wenn der Metzger kommt.
c) Dein Zimmer sieht aus	Schwein gehabt!
d) Marvin schreibt nicht schön,	sollte zu grunzen verstehen.
e) Wer Schweine hüten will,	vor die Säue werfen.
f) Ein Schwein grunzt anders,	sind die Schinken von morgen.
g) Die Schweine von heute	er hat eine Sauklaue.
h) Perlen	wie ein Schwein.

54

Einsetzaufgaben

TIPP
Bei einer Einsetzaufgabe musst du passende **Wörter in einen Lückentext** einsetzen.

 **Lies** den Wortspeicher sorgfältig, **bevor** du die Lücken füllst.

5 Setze die Wörter aus dem Wortspeicher passend in die Lücken ein.

Wortspeicher

Eltern   Bett   Mühe   Vater   Schrei   Küche   Spalt

Frühmorgens hatte die Mutter _____, uns wach zu bekommen, dann aber sausten wir aus dem _____, liefen zum Badezimmer und ließen Rudi raus. Wir gingen zum Schlafzimmer der _____ und öffneten die Tür einen _____. Rudi schlüpfte sofort hinein. Wir warteten auf das Lachen von _____. Erst war es still, dann drang ein schriller _____ aus dem Zimmer. Mutter kam aus der _____ gelaufen.

Rechtschreibung und Zeichensetzung prüfen

6 Der Text auf Seite 52 geht im Buch folgendermaßen weiter:

SO SAGTE ER JETZT SCHENKEN WIR DAS FERKEL EINEM BAUERN. SCHWEINE GEHÖREN AUFS LAND UND NICHT IN EINE STADTWOHNUNG. ZUPPI BEGANN ZU SCHREIEN. SIE KANN SO LAUT SCHREIEN, DASS MAN SICH DIE OHREN ZUHALTEN MUSS. RUHE BRÜLLTE VATER. SCHWEINE WERDEN TRAURIG, WENN SIE NUR HÄUSER UND KEINE FELDER UND WIESEN SEHEN. ZUPPI SCHRIE WEITER. LASS IHR DAS FERKEL WENIGSTENS EIN PAAR TAGE SAGTE MUTTER SIE HAT ES NUN MAL GEWONNEN. WIR KÖNNEN ES JA IMMER NOCH WEGGEBEN.

Schreibe die Fortsetzung in dein Heft ab und entscheide dabei,
a) welche Wörter groß- und welche kleingeschrieben werden.
b) Setze weitere Satzzeichen, die notwendig sind.

Kurzantworten

7 Warum schreit Zuppi (Text zu Aufgabe 6)? Antworte in einem vollständigen Satz.

_____

Auswertung

8 Werte nun den Test aus:
a) Nimm das Lösungsheft zu Hilfe und lass den Test zusätzlich von einem Lernpartner oder einer Lernpartnerin prüfen.
b) Ordne dein Ergebnis den Smileys zu. Kreuze an.

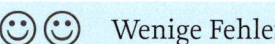

☺☺☺ Keine Fehler!	☺☺ Wenige Fehler!	☺ Zu viele Fehler!
☐ Der Test ist mir leichtgefallen.	☐ Der Test war für mich zu schaffen.	☐ Der Test war für mich ziemlich schwer.

Textquellenverzeichnis

S. 28: Der Glücksring; aus: http://www.hekaya.de/txt.hx/der-gluecksring--maerchen--europa_157 (Stand 23.06.2010)
S. 32: Jansen, Hanna. Gretha auf der Treppe. Stuttgart/Wien: Thienemann 2004, S. 51–53
S. 44, 46: Funke, Cornelia. Potilla und der Mützendieb. Hamburg: Dressler Verlag 1992
S. 48: Lanzke, Alice. Der Honigdachs – Ein Leckermaul auf der Jagd; aus: GEOlino Nr. 11/2005, S. 64
S. 52, 55: Timm, Uwe. Rennschwein Rudi Rüssel. Zürich/München: Nagel & Kimche 1989, S. 10 f.

Bildquellenverzeichnis

S. 12, 13: Thomas Schulz, Berlin
S. 16, 17: Fotos: John Freeman; aus: Thomasina Smith: Spaß mit Schminke. Augsburg: Bechtermünz Verlag im Weltbild Verlag 1998
S. 32, 33: Cover von „Gretha auf der Treppe": ©CARLSEN Verlag GmbH, Hamburg 2009
S. 40: Norbert Pabelick, Köln
S. 50: OKAPIA, Frankfurt/M.

Redaktion: lüra – Klemt & Mues GbR, Wuppertal
Illustrationen: Maja Bohn, Berlin (S. 8, 9, 10, 11); Jusche Fret, Leipzig (S. 3, 4, 5, 6, 12, 16, 17, 19, 28, 29, 30, 31, 36, 37, 38, 39, 44, 52, 53, 54); Jutta Melsheimer, Berlin (S. 20, 21, 23, 33, 34, 42, 48)
Umschlaggestaltung: Katrin Nehm
Layoutkonzept: Katharina Wolff
Layout und technische Umsetzung: L101 Mediengestaltung, Berlin

Die Links zu externen Webseiten Dritter, die in diesem Lehrwerk angegeben sind, wurden vor Drucklegung sorgfältig auf ihre Aktualität geprüft.
Der Verlag übernimmt keine Gewähr für die Aktualität und den Inhalt dieser Seiten oder solcher, die mit ihnen verlinkt sind.

www.cornelsen.de

1. Auflage, 1. Druck 2010

© 2010 Cornelsen Verlag, Berlin
Das Werk und seine Teile sind urheberrechtlich geschützt.
Jede Nutzung in anderen als den gesetzlich zugelassenen Fällen bedarf
der vorherigen schriftlichen Einwilligung des Verlages.
Hinweis zu den §§ 46, 52 a UrhG: Weder das Werk noch seine Teile dürfen
ohne eine solche Einwilligung eingescannt und in ein Netzwerk eingestellt
oder sonst öffentlich zugänglich gemacht werden.
Dies gilt auch für Intranets von Schulen und sonstigen Bildungseinrichtungen.

Druck: Himmer AG, Augsburg

ISBN 978-3-06-060839-3

 Inhalt gedruckt auf säurefreiem Papier aus nachhaltiger Forstwirtschaft.

Deutschbuch

Trainingsheft für
Klassenarbeiten und
Lernstandstests

Real- und Gesamtschule Nordrhein-Westfalen

Lösungen **5**

▷ S. 5 **Geschichten aus dem Schulalltag –
Spannend und anschaulich erzählen**

▷ S. 5 **A Die Aufgabe verstehen**

1
a) Erlebnis
b) 1. Überschrift, 2. Einleitung, 3. Hauptteil, 4. Schluss
c) Präteritum
d) 1. wörtliche Rede, 2. ausdrucksstarke Verben, 3. abwechslungsreiche Satzanfänge, 4. anschauliche Mitteilung von Gefühlen und Gedanken, 5. treffende Adjektive (Die Reihenfolge ist hier nebensächlich.)

▷ S. 5 **B Eigene Ideen entwickeln**

1 *So könntest du den Ideenstern vervollständigen:*

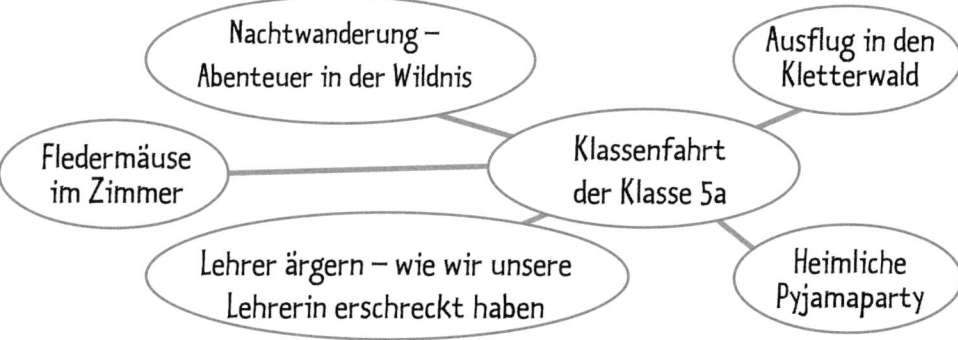

▷ S. 6 **C Übungen**

1
a) Diese Antworten auf die W-Fragen solltest du unterstrichen haben:
Wann? – Letzte Woche; **Wo/Wohin?** – nach Hagen; **Was?** – Klassenfahrt, Nachtwanderung; **Wer?** – die Klasse 5 c der Gesamtschule Weyertal-West
b) Textstellen, die für Spannung sorgen und Neugier wecken:
tiefer, dunkler Wald; Wer hätte gedacht …; aufregend; Gesprächsthema Nummer 1

2 a) *So könntest du die Erzählschritte nummeriert haben:*
1: Um 22:00 Uhr trafen wir uns an der alten Eiche vor dem Wald. Es war ganz schön gruselig, aber wir hatten alle Taschenlampen dabei.
2: Langsam und vorsichtig bahnten wir uns in einer Reihe gehend den Weg durch den Wald. Unser Klassenlehrer, Herr Michaels, schien den Weg gut zu kennen.
3: Der Weg vor uns wurde immer dunkler und unheimlicher. Plötzlich schrie Peter entsetzt auf: „Markus ist weg, eben war er noch neben mir, aber jetzt ist er verschwunden!"
4: Wir hielten die Luft an. Wo war Markus? Was war passiert? Während einige Kinder sich fest an den Händen hielten, leuchteten wir die Umgebung ab. Mir war ganz schön mulmig zumute.
5: Ein paar Mädchen kreischten, als hinter uns plötzlich mit lautem Schrei ein Uhu entlangflog. Meine Güte, hatten wir uns erschreckt!
6: „Wir müssen jetzt einen kühlen Kopf bewahren", versuchte uns Herr Michaels zu beruhigen. „Seid mal alle ganz leise!"
7: Alle wurden still. Man konnte keinen Mucks mehr hören. Der Wind blies leise durch die Bäume, man konnte etwas rascheln hören, Tiere möglicherweise. Aber keinen Markus.
8: „Lasst alle eure Taschenlampen an und wartet hier auf mich, ich bin gleich wieder da", flüsterte Herr Michaels und ging den Weg langsam um sich blickend zurück.

(Für die Sätze 4–7 ist auch eine andere Reihenfolge möglich.)

b) *Zum Höhepunkt gehören die Sätze 4–8.*
c) *In der Lösung zu Aufgabe 2 a) sind die Adjektive einfach und die Verben mit Punktlinie unterstrichen.*

▷ S. 7 **3** *Hannahs Erzählung klingt mit Möglichkeit a) aus.*

▷ S. 7 # D Einen Schreibplan erstellen

1 a) *Die Einleitung führt zum Geschehen hin.*
Der Hauptteil besteht aus mindestens zwei Erzählschritten und dem Höhepunkt.
Am Schluss klingt das Geschehen aus.
b) *In dieser Reihenfolge von links nach rechts solltest du die Nummern der Sätze eingetragen haben: 1, 2, 3, 4, 5, 6, 7, 8.*

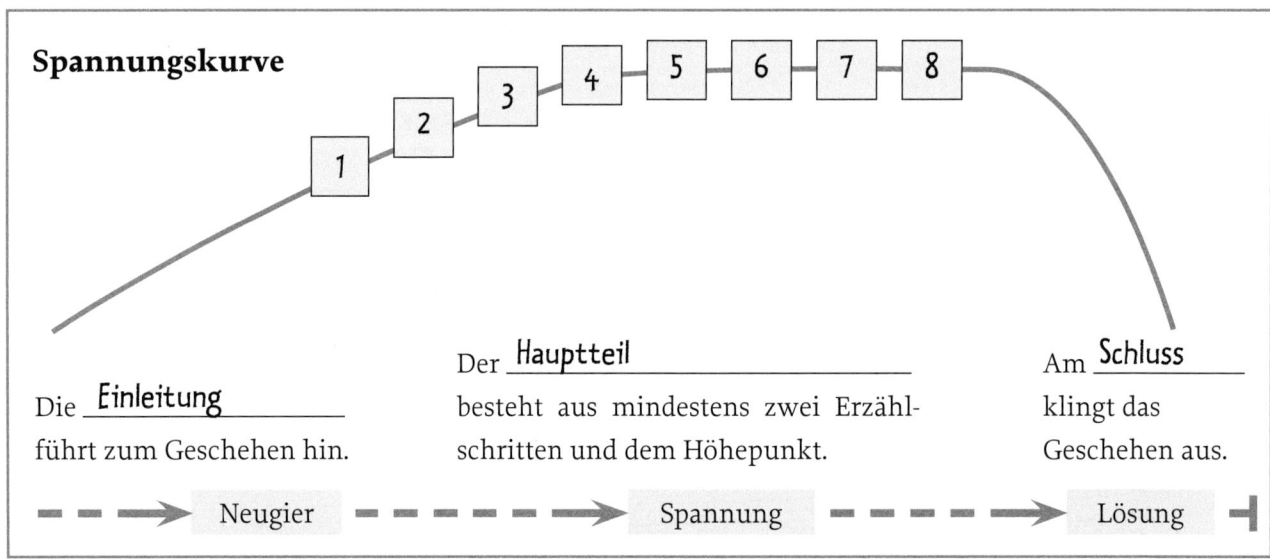

2 a) *Die vollständige Erzählung setzt sich aus der Einleitung aus Aufgabe C 1 auf S. 6, den Sätzen 1 bis 8 aus Aufgabe C 2 a) auf S. 6 und dem Schluss aus Aufgabe C 3 auf S. 7 zusammen.*
b) *Mögliche Überschrift:*
Schreck bei der Nachtwanderung

Gespenstergeschichten – Erzählen nach Bildern

A Die Aufgabe verstehen

1 *Die Antworten b) und c) sind richtig, die Antworten a) und d) sind falsch.*

B Eigene Ideen entwickeln

1

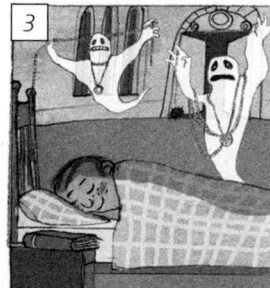

2 *So solltest du die Nummern der Bilder von links nach rechts in die Kästen in der Spannungskurve eingetragen haben:*
1 – 2 – 3 – 4 – 5.

3 a) *Stichworte zu den Bildern:*
1: Junge liest in Handbuch zum Umgang mit Gespenstern
2: Mitternacht im Schlosshotel
3: Gespensterschabernack
4: Junge erschrickt
5: freundliche Gespenster spielen mit Jungen Karten

b) *Was zwischen den Bildern passiert sein könnte:*
zwischen 1 und 2: Tim schläft ein und träumt vom Urlaub am Meer
zwischen 2 und 3: Gespenster überlegen sich, wie sie sich die Zeit vertreiben könnten.
zwischen 3 und 4: Gespenster denken sich: „Der kommt uns gerade recht!", ziehen schreckliche Grimassen und klirren mit den Ketten.
zwischen 4 und 5: Tim erholt sich von seinem Schreck und er erinnert sich, was er im Handbuch gelesen hat: Gespenster seien eigentlich ganz freundlich. Er lädt die Gespenster ein, mit ihm Karten zu spielen.

C Übungen

1 b) *Einleitung B ist geeigneter, weil* sie die Spannung nur andeutet. Einleitung A nimmt den Höhepunkt (die Begegnung mit den Gespenstern) vorweg.

2 *In dieser Reihenfolge solltest du die Lücken gefüllt haben:*
Plötzlich – Dafür – Sofort – Aber – Sogleich – Nun

3 *Mögliche weitere Sätze:*
Mir stockte der Atem. – Das Herz klopfte mir bis zum Hals. – Meine Hände waren schweißnass. – Mir war ganz flau im Magen.

4 *Diese treffenden Verben solltest du geschrieben haben:*
Tim schrie laut auf. Mit vor Schreck weit aufgerissenen Augen brüllte/rief er: (...).
„Unmöglich", flüsterte/hauchte Tim. (...) „Guten Abend, die Herren!", spricht/ruft Tim.

Lösungsheft

▷ S.10 **D   Einen Schreibplan erstellen**

1 *Passende Sätze zu den einzelnen Bildern:*

Reihenfolge	Bild Nr.	Inhalt in einem Satz
Einleitung:		Tims Familie übernachtet im Schlosshotel.
Hauptteil/Erzählschritt 1:	1	Tim holt ein Buch und liest darin.
Erzählschritt 2:	2	Zwei Gespenster machen unheimliche Geräusche und schweben durch ein Schloss.
Erzählschritt 3:	3	Zwei Gespenster wollen einen schlafenden Jungen erschrecken.
Erzählschritt 4/ Höhepunkt:	4	Tim wacht auf und erschreckt sich fürchterlich.
Schluss:	5	Tim und die beiden Gespenster spielen Karten.

▷ S.11 **2** *So könnte deine Überschrift aussehen:*
Schreck um Mitternacht

3 *So könnte deine Erzählung aussehen:*

Schreck um Mitternacht
(Einleitung) Für die großen Ferien hatten sich Tims Eltern etwas Besonderes ausgedacht: Sie wollten Urlaub in einem Schlosshotel machen, das mitten in einem dunklen Wald lag. Die Fahrt dauerte sehr lange, und als sie endlich ankamen, ragte der Turm des Schlosses in den Abendhimmel. Tim wurde ein wenig unheimlich zumute.
(Hauptteil) Nachdem sie im Restaurant gegessen hatten, packten Tim und seine Eltern ihre Koffer aus. Tim fand es toll, dass er ein riesiges Zimmer ganz für sich allein hatte. Auf dem Nachttisch neben dem Bett entdeckte er ein dickes Buch. Er betrachtete es und murmelte: „Handbuch zum richtigen Umgang mit Gespenstern?" Er überlegte: „So etwas habe ich ja noch nie gesehen." Neugierig schlug er das Buch auf und las ein paar Seiten. Doch er war so müde von der Fahrt, dass er bald einschlief. Er wachte auch nicht auf, als die Turmuhr zwölf schlug. Da öffnete sich plötzlich leise knarrend die Zimmertür und zwei merkwürdige Gestalten schwebten herein. Sie waren halb durchsichtig und trugen klirrende Ketten. Langsam nähern sie sich dem Bett, in dem Tim immer noch tief und fest schläft. Sie grinsen böse und ziehen schreckliche Grimassen. „Buh!", ruft eine dicht an Tims Ohr. Sofort wacht er auf. Als er die Gestalten sieht, bleibt ihm fast das Herz stehen. Er rappelt sich hoch und schreit laut: „Ahhhhhhh! Gespenster!" Die Geister lachen schaurig. „W-w-was w-w-wollt ihr?", stammelt Tim ängstlich. „Wir sind gekommen, um dich zu holen", krächzt das eine Gespenst mit heiserer Stimme. Das andere zischt: „Wir schleifen dich mit und legen dich in Ketten." Da erinnert sich Tim an das Buch, in dem er vor dem Einschlafen gelesen hat. „Gespenster sind meistens sehr einsam. Sie möchten, dass man sie beachtet", hatte darin gestanden. Tim nimmt allen Mut zusammen und erklärt: „Ich habe eine bessere Idee. Wie wäre es, wenn wir uns erst einmal besser kennen lernen? Wie heißt ihr überhaupt? Erzählt mir doch etwas von euch. Außerdem habe ich ein Kartenspiel dabei. Habt ihr Lust?" Die Gespenster nickten begeistert. „Gestatten: Rudolf von Mooseck, genannt Rudi", stellte sich das eine Gespenst vor und klang gar nicht mehr gruselig. Das zweite fügte hinzu: „Und ich bin Karl-Theodor zu Treuenfels, aber du darfst Kalle zu mir sagen."
(Schluss) Und so kam es, dass Tim die ganze Geisterstunde lang mit zwei Gespenstern Karten spielte und dabei unheimlich viel Spaß hatte.

▷ S.11 **E   Deinen Text überarbeiten**

2 *Verbesserungsvorschläge für Majas Geschichte:*
Überschrift: Majas Überschrift klingt langweilig, besser wäre z. B. „Schock in der Geisterstunde".
Einleitung: Majas Einleitung weckt keine Neugier. Am Ende der Einleitung hätte sie besser einen Satz geschrieben wie: „Doch die Nacht entwickelte sich für Carl und Edward ganz anders als erwartet."
abwechslungsreiche Satzanfänge: Majas Satzanfänge sind meistens abwechslungsreich, aber sie beginnt zwei Sätze mit „Der Junge ..." (Zeile 4 und 5). In Zeile 4 könnte sie schreiben „Dieser".
spannender, anschaulicher Hauptteil: Majas Hauptteil könnte ausführlicher sein. Nach Zeile 12 könnte sie beschreiben, wie Tim es schafft, die Gespenster zum Kartenspiel zu überreden.
Beschreibung von Gefühlen und Sinneseindrücken: Hier müsste Maja mehr und ausführlicher schreiben, z. B. „Tim blieb vor Angst fast das Herz stehen" oder „Tim hörte ein unheimliches Klirren."
Tempus: Maja hat nicht immer das richtige Tempus gewählt. In Zeile 4 und 5 muss es heißen: „Der Junge schlief tief und fest" und „Der Junge wachte auf, ...". (Wird besonders spannend erzählt, kannst du ins Präsens wechseln.)
wörtliche Rede: Maja verwendet nur wenig wörtliche Rede. Sie könnte das Gespräch zwischen Tim und den Gespenstern in wörtlicher Rede wiedergeben: „Hört mal, ihr beiden Schreckgespenster, könnt ihr genauso gut Karten spielen wie Kinder erschrecken?", wollte Tim wissen. „Ha!", schnaubte Carl. „Das ist eine unserer leichtesten Übungen."
Maja benutzt bei der wörtlichen Rede zweimal hintereinander „sagen" (Zeile 7 und 8), das wirkt langweilig. Besser wären „..., stotterte der Junge ängstlich" und „..., krächzten die beiden".
Rechtschreibung: „Gespenster" ist ein Nomen und muss großgeschrieben werden (in der Überschrift und in Zeile 1, 6, 10, 11).

▷ S. 12 Hund zugelaufen – Ein Tier beschreiben

▷ S. 12 A Die Aufgabe verstehen

1 *Die Aussagen a), c), e) und f) treffen zu, die Aussagen b) und d) treffen nicht zu.*

▷ S. 12 B Stoff sammeln

1 *Diese Informationen solltest du unterstrichen haben:*
Dackel, bis 27 cm Schulterhöhe, kurzbeinig mit langgestrecktem Kopf, Schlappohren, langer Schwanz, Rauhaardackel (Haare rau, etwas abstehend, v. a. an Schnauze und Augenbrauen verlängert)

2 *Diese besonderen Merkmale könntest du notiert haben:*
weißer Verband am linken Hinterbein, gelbes Halsband mit dem Namen „Sita" darauf

▷ S. 13 C Übungen – Den Stoff gliedern

1 ***Verhalten:*** *spielt gern mit dem Ball; schmust gern; ist ruhig und freundlich zu Kindern*
Aussehen: *braune Augen; kurze schwarz-braune Haare; kurze Beine; lange Haare an der Schnauze und an den Augenbrauen; ca. 25 cm Schulterhöhe; Schlappohren; langgestreckter Kopf*
Rasse: *Dackel, genauer: Rauhaardackel*
besondere Merkmale: *am linken Hinterlauf: weißer Verband; gelbes Halsband mit Namen „Sita"*

2 + 3

1: Rauhaardackel
2: gelbes Halsband mit Namen „Sita"
3: weißer Verband am linken Hinterlauf
4: kurze schwarz-braune Haare
5: braune Augen, auffällig lange Augenbrauen
6: ca. 25 cm Schulterhöhe
7: kurze Beine
8: Schlappohren
9: spielt gern mit dem Ball
10: ist freundlich zu Kindern

▷ S. 14 **4** *Für eine Beschreibung sind folgende Sätze gelungener:*
(1) Möglichkeit B: Am Samstagmorgen ist mir ein Rauhaardackel zugelaufen.
(2) Möglichkeit A: Er hört auf den Namen Sita und hat ein gelbes Halsband, auf welchem dieser Name steht.
(3) Möglichkeit B: Sitas Schulterhöhe beträgt etwa 25 cm.
(4) Möglichkeit B: Sitas Haare an den Augenbrauen sind auffällig lang.
(5) Möglichkeit A: Das Fell ist schwarz-braun und die Augen sind dunkelbraun.
(6) Möglichkeit B: Sita spielt sehr gern auf der Wiese mit dem Ball.

▷ S. 14 D Einen Schreibplan erstellen

1 *So könnte deine Beschreibung aussehen:*

> *Das Tier ist ein weiblicher Rauhaardackel und trägt ein gelbes Halsband mit dem Namen „Sita". Am linken Hinterlauf hat sie einen weißen Verband. Sitas Fell ist schwarz-braun und kurz, über den braunen Augen fallen die sehr langen Augenbrauenhaare auf. Der Rauhaardackel misst bis zur Schulter ca. 25 cm. Sita kennzeichnen außerdem die sehr kurzen Beine und die langen Schlappohren. Sie spielt gern mit dem Ball auf der Wiese und verhält sich freundlich zu Kindern (sie schmust mit ihnen).*
> *Falls der Besitzer sich meldet, können Sie ihm unsere Telefonnummer (hier solltest du deine Telefonnummer eintragen) oder die E-Mail-Adresse geben.*
> *Mit freundlichen Grüßen*
> *(dein Name)*

▷ S. 15 E Deinen Text überarbeiten

1
a) *Meine Katze ist braun-weiß-rot gescheckt. Sie hat blaue Augen, weil ihre Mutter eine Siamkatze ist. Sie ist noch ganz klein, sie ist erst sechs Monate alt. Sie hat den Namen Mausi. Sie ist ganz süß und ganz lieb. Sie kommt, wenn du sie rufst, weil sie weiß, dass sie diesen Namen hat. Sie hat auch ein Halsband, da steht unsere Adresse drin.*
b) *Felix' Text wirkt langweilig.*
c) *Mögliche Verbesserung:*
Meine Katze ist braun-weiß-rot gescheckt und besitzt auffällig blaue Augen, die sie von ihrer Mutter, einer Siamkatze, geerbt hat. Sie hört auf den Namen Mausi. Mausi ist noch recht klein, denn ihr Alter beträgt erst sechs Monate. Sie verhält sich lieb und kommt, wenn man ihren Namen ruft. Auf ihrem Halsband steht unsere Adresse.

▷ S.16 Sich in ein Tier verwandeln – Vorgangsbeschreibung

▷ S.16 **A** Die Aufgabe verstehen

▷ S.16 **1** *Richtig sind die Aussagen b), d), f), falsch sind a), c), e).*

▷ S.16 **B** Stoff sammeln – Eigene Ideen entwickeln

▷ S.16 **1**

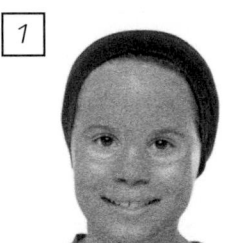 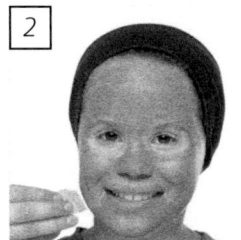 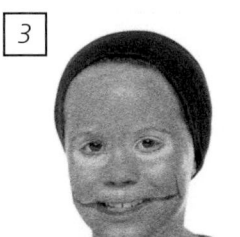

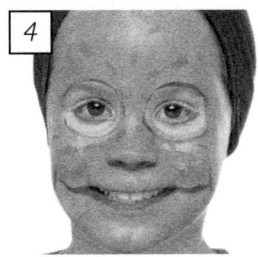 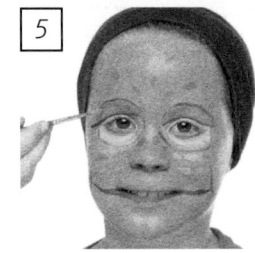 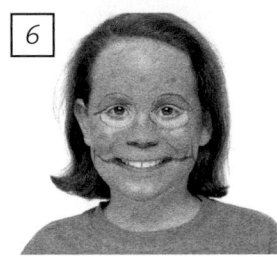

▷ S.17 **2** b) *Stichworte zu den Fotos:*
Foto 1: Haar mit Haarband aus dem Gesicht zurücknehmen; um jedes Auge mit dem Pinsel einen Kreis malen; großen Kreis um das Gesicht malen; mit angefeuchtetem Schwämmchen den großen Kreis mit grüner Schminkfarbe ausmalen
Foto 2: Augenkreise mit gereinigtem Pinsel gelb ausmalen, mit Schwamm etwas gelbe Farbe über den und um den Mund verteilen
Foto 3: rote Linie von beiden Mundwinkeln aus ziehen; Unterlippe rot schminken, rote Augenstriche unter den Augen anlegen
Foto 4: Nasenspitze rosa anmalen, einige Farbtupfer von der Nase ausgehend im Gesicht verteilen, Augen mit feinem Pinsel und schwarzer Farbe umranden
Foto 5: oberen Teil des gelb ausgemalten Augenkreises bis zur Augenbraue grün übermalen; mit Pinsel schwarzen Lidstrich über das Lid nach außen ziehen
Foto 6: Haarband lösen

▷ S.18 **C** Übungen

1 a) *In dieser Reihenfolge solltest du die Sätze ergänzt haben:*
wird ... aufgetragen; trägt ... auf; lässt sich ... auftragen; Trage ... auf
b) *(1) Um jedes Auge wird ein Kreis gemalt.*
Man malt um jedes Auge einen Kreis.
Um jedes Auge lässt sich ein Kreis malen.
Male um jedes Auge einen Kreis.
(2) Einige Farbtupfer werden im Gesicht verteilt.
Man verteilt einige Farbtupfer im Gesicht.
Einige Farbtupfer lassen sich im Gesicht verteilen.
Verteile einige Farbtupfer im Gesicht.

▷ S. 18 **D Einen Schreibplan erstellen**

1 *So könnte deine Einleitung aussehen:*
Um mich als Frosch zu schminken, benötige ich Schminke in den Farben Grün, Gelb, Rot, Rosa, Orange und Schwarz, ein Schwämmchen und einen Pinsel. Wichtig ist auch ein Haarband oder ein Haargummi, das die Haare beim Schminken aus dem Gesicht hält.

▷ S. 19 **2** *Liste für Satzanfänge im Hauptteil:*
zuerst, am Anfang, zu Beginn, anfangs, zuerst einmal, als Erstes

anschließend, danach, im Anschluss daran, dann, nun, im Weiteren, im Folgenden, als Nächstes

schließlich, als Letztes, endlich, zu guter Letzt, zum Abschluss, zu allerletzt, zum Schluss

3 *Dein Schluss könnte so aussehen:*
Eine solche Froschmaske ist nicht nur für eine Schulaufführung toll. Man kann sich auch zu Karneval oder für eine Geburtstagsfeier als Frosch schminken.

4 *Mögliche Schminkanleitung:*

> (Einleitung) Um sich als Frosch zu schminken, benötigt man Schminke in den Farben Grün, Gelb, Rot, Rosa, Orange und Schwarz, ein Schwämmchen und einen Pinsel. Wichtig ist auch ein Haarband oder ein Haargummi, das die Haare beim Schminken aus dem Gesicht hält. (Hauptteil) Zuerst wird das Haar mit dem Haarband oder Haargummi zurückgebunden. Danach wird mit dem Pinsel und grüner Farbe ein Kreis um jedes Auge und ein größerer Kreis um das Gesicht gemalt. Der große Kreis lässt sich nun mit einem Schwämmchen grün ausmalen. Anschließend werden die Kreise um die Augen mit dem gereinigten Pinsel und gelber Farbe ausgemalt. Mit dem Schwämmchen trägt man dann um den Mund herum vorsichtig etwas gelbe Farbe auf. Als Nächstes schminkt man die Unterlippe mit roter Farbe und zieht mit dem Pinsel von beiden Mundwinkeln aus eine rote Linie, die bis zur Mitte der Wangen reicht. Mit derselben Farbe legt man unter den Augen Striche an. Im Folgenden malt man die Nasenspitze rosa an und schmückt auch Stirn und Wangen mit rosa- und orangefarbenen Tupfern. Mit dem Pinsel lassen sich im Anschluss die gelben Augenkreise schwarz umranden. Nun werden die oberen Teile der Augenkreise bis zu den Augenbrauen mit grüner Schminkfarbe übermalt. Als Letztes zieht man mit dem Pinsel einen dünnen schwarzen Strich über das Lid nach außen und löst das Haarband. (Schluss) Eine solche Froschmaske ist nicht nur für eine Schulaufführung toll. Man kann sich auch zu Karneval oder für eine Geburtstagsfeier als Frosch schminken.

▷ S. 20 Wildschweinrettungsaktion – Über ein Ereignis berichten

▷ S. 21 A   Die Aufgabe verstehen

1 a) *Schlüsselwörter sind:*
Verfasse diesen Augenzeugenbericht – Abbildungen – Zwischenzeit – geeignete Zusatzinformationen – Erfinde genaue Zeitangaben.
b) *Richtig ist c).*

2 *In dieser Reihenfolge solltest du die Wörter verwenden:*
W-Fragen – Tatsachen – Hintergrundinformationen – Reihenfolge – Präteritum

▷ S. 21 B   Stoff sammeln

1 a) *Die fehlende W-Frage lautet:* **Wann?**
b) *Diese Stichworte könntest du notiert haben:*
Wo? – unweit des Siebengebirges, am Rheinufer, bei Königswinter
Wer war daran beteiligt? – ein Wildschwein, Feuerwehrmänner
Was geschah? – Wildschwein sprang in den Rhein, musste gerettet werden
Wie verlief die Rettungsaktion? – Feuerwehr in Mehrzweckbooten, Schwein einkreisen und Richtung Ufer drängen, Feuerwehrmann wirft Fangseil, im knietiefen Wasser steigt Feuerwehrmann aus Boot, wirft Schwein auf Rücken, Abtransport mit Tierrettungswagen

▷ S. 22 C   Übungen

1 *Die Sätze c) und d) passen in einen sachlichen Bericht und geben Tatsachen wieder.*

2 *In Satz a) ist die Zeitform (Präsens) falsch. Der Satz müsste lauten: Alle Beteiligten entschieden, das Schwein wieder im Wald auszusetzen.*

▷ S. 22 D   Einen Schreibplan erstellen

1 *So könnte dein einleitender Satz aussehen:*
Am frühen Morgen joggte ich gegen 7:15 Uhr unweit des Siebengebirges in der Nähe von Königswinter am Rheinufer entlang und wurde dabei Zeuge einer Tierrettung aus dem Rhein.

2 *Mögliche Stichworte in der richtigen zeitlichen Abfolge:*
Zuerst: Wildschwein läuft Richtung Rhein
Dann: Schwein springt in den Fluss
Nach fünf Minuten: Feuerwehr in Mehrzweckbooten, Schwein einkreisen und Richtung Ufer drängen
Anschließend: Feuerwehrmann wirft Fangseil
Danach: Feuerwehrmann steigt aus Boot, wirft Schwein auf Rücken, drückt es mit Knie zu Boden
Schließlich: Abtransport des Wildschweins mit Tierrettungswagen

▷ S. 23 **3** *Beide Schlusssätze sind möglich.*

4 *So könnte dein Augenzeugenbericht aussehen:*

> Am frühen Morgen joggte ich gegen 7:15 Uhr unweit des Siebengebirges in der Nähe von Königswinter am Rheinufer entlang und wurde dabei Zeuge einer Tierrettung aus dem Rhein.
> Ein Wildschwein lief aus dem Wald, sprang in den Rhein und schwamm langsam flussabwärts. Fünf Minuten später traf die Feuerwehr in Mehrzweckbooten ein. Die Boote kreisten das Schwein ein und drängten es Richtung Ufer. Anschließend, im flacheren Wasser angekommen, warf ein Feuerwehrmann dem Wildschwein ein Fangseil um den Hals. Die Wildsau setzte sich heftig zur Wehr, deshalb stieg ein anderer Feuerwehrmann in knietiefem Wasser aus dem Boot, packte das Tier, warf es auf den Rücken und drückte es mit dem Knie zu Boden. Inzwischen stand der Tierrettungswagen der Bonner Berufsfeuerwehr mit einer Box bereit. Schließlich wurde das Wildschwein in die Box gesperrt und abtransportiert. Die Beteiligten hatten zuvor entschieden, das Schwein wieder im Wald auszusetzen, und die Rettungsaktion war um etwa 9:30 Uhr erfolgreich beendet.

Lösungsheft

▷ S. 23 **E Den Text überarbeiten**

1 b)

ja	nein	Merkmale eines Berichts	
	x	Gibt es einen Einleitungssatz mit den notwendigen Angaben?	Tims Einleitungssatz beantwortet die folgenden W-Fragen nicht: Wann? Wo? Was?
	x	Enthält der Text nur die wichtigsten Informationen?	Die Sätze „Ich blieb stehen" und „Zuerst dachte ich, … Schäferhund" sind unwichtig.
x		Sind alle inhaltlichen Informationen richtig?	
	x	Werden die Handlungsschritte geordnet präsentiert?	Tim lässt einige Schritte aus (z. B. Fangseil).
	x	Ist der Sprachstil sachlich?	Tim schreibt teilweise unsachlich („als ich auf einmal sehe", „Zuerst dachte ich …")
	x	Wurde eine Meinungsäußerung vermieden?	„Ich fand es toll, …" ist eine Meinungsäußerung, die nicht in einen sachlichen Bericht gehört.
	x	Wurde immer das richtige Tempus verwendet?	„sehe" (Z. 1), „springt", „losschwimmt" (Z. 2): falsches Tempus (richtig sind: sah, sprang, losschwamm)

Lösungsheft

▷ S. 24 So stelle ich mir meine Schule vor –
In einem Brief seine Meinung begründen

▷ S. 24 A Die Aufgabe verstehen

1 a) *Diese Wörter solltest du markiert haben:*
Deine Meinung – Brief – drei positive Eindrücke – drei Verbesserungsvorschläge oder Wünsche – begründest – mit Beispielen
b) *Die vier richtigen Aussagen sind: a), b), e) und f).*

2 *In dieser Reihenfolge solltest du die Wörter eintragen:*
Adressat – Anredepronomen – Begründungen – Umgangssprache – vollständige

▷ S. 25 B Stoff sammeln – Eigene Ideen entwickeln

1 *Mögliche Stichworte: Positive Eindrücke*

eigenes Schwimmbad	Zeitersparnis, in einer Schulsportstunde schwimmen gehen; nicht umständlich mit dem Bus ins Schwimmbad
wöchentliche Klassenstunde	Probleme in der Klasse besprechen; Streit gleich schlichten
Physikunterricht	tolles neues Fach; weiß jetzt, wie Glühbirne funktioniert
Theater-AG	schon in Grundschule gern Theater gespielt; „Kleinen Hobbit" aufführen

Mögliche Stichworte: Verbesserungsvorschläge

Pausen sollten länger sein	mehr Zeit zum Erholen und Spielen; beim Fangen kann jeder drankommen
es sollte Judo-AG geben	würde gern Judo lernen
Schließfächer	Bücher könnten in der Schule bleiben; Entlastung für die Tage, an denen auch noch Sportzeug gebraucht wird
größerer Schulhof	man kommt sich nicht mehr in die Quere (Zehntklässler ärgern die Kleinen)

▷ S. 25 C Übungen

1 gelb (Verbesserungsvorschläge/Wünsche) = <u>unterstrichen</u>, blau (Begründungen) = **fett**, grün (Beispiele) = gerade
<u>Am meisten wünsche ich mir, dass wir unseren nächsten Ausflug in den Zoo machen.</u>
Jeder aus der Klasse war zwar schon im Zoo, aber letzte Woche ist ein Elefantenbaby zur Welt gekommen und das möchte ich mir gern einmal anschauen. Außerdem könnten wir im Fach Biologie darüber sprechen. In der Grundschule haben wir über Affen gesprochen und uns dann im Zoo die Paviane angeschaut.
<u>Mir würde es gefallen, wenn wir häufiger im Unterricht in Gruppen arbeiten dürften,</u> **weil dann viel mehr Kinder gleichzeitig arbeiten und nicht nur wenige an die Reihe kommen.** Neulich haben wir vier Gruppen gebildet, die unterschiedliche Aufgaben hatten. Unsere Gruppe war ein gutes Team.

▷ S. 26 **2** *In dieser Reihenfolge solltest du die Verknüpfungswörter eintragen:*
dass – aber – denn – dass – weil

▷ S. 26 D Einen Schreibplan erstellen

1 *Briefkopf:* Oben rechts steht das Datum.
Anrede: Nach der Anrede setzt man ein Komma, dann schreibt man in der nächsten Zeile klein weiter. Die Anredepronomen „Sie"/„Ihnen" werden immer großgeschrieben, „du"/„dich" kannst du groß- oder kleinschreiben.
Aufbau: Zuerst formuliert man einen Einleitungssatz, dann folgt der Hauptteil des Briefes und schließlich ein Schlusssatz.
Grußformel/Unterschrift: Briefe werden immer mit einer Grußformel beendet, z. B.: „Herzlichst" oder „Mit vielen Grüßen"; die Unterschrift steht eine Zeile tiefer; ohne Satzzeichen am Ende.

2 *Möglicher Einleitungssatz:*
Sehr geehrte Frau Kluge,
gern möchte ich Ihnen mitteilen, was mir an der neuen Schule gut gefällt, und auch noch einige Verbesserungsvorschläge machen.

3 *Hauptteil:* Wähle deine Schwerpunkte und markiere sie.

▷ S. 27 **4** Achte bei der **Reihenfolge** der ausgewählten Schwerpunkte darauf, was dir am wichtigsten ist. Du kannst auch erst die Punkte aufschreiben, die den Unterricht betreffen, und anschließend jene, die Pausen-, Schulhofgestaltung oder AGs betreffen.

5 *Prüfe deinen Text: Wird am Schluss klar, welche Einstellung du zu der neuen Schule hast und ob du dich dort wohlfühlst?*

6 *So könnte dein Brief aussehen:*

> 20. Mai 2010
>
> Sehr geehrte Frau (Name deiner Lehrerin)/Sehr geehrter Herr (Name deines Lehrers),
> gern möchte ich Ihnen mitteilen, was mir an der neuen Schule gut gefällt, und auch noch einige Verbesserungsvorschläge machen.
> Ich finde es toll, dass jede Woche eine Klassenstunde stattfindet, weil wir Probleme dann direkt besprechen können. Wenn es einen Streit gibt, kann er gleich geschlichtet werden, so kommt schlechte Stimmung gar nicht erst auf.
> Der Physikunterricht gefällt mir auch sehr gut, denn er ist interessant und ich erfahre viel Neues. Zum Beispiel weiß ich jetzt, wie eine Glühbirne funktioniert!
> Am meisten freue ich mich über die Theater-AG, weil ich schon in der Grundschule gern Theater gespielt habe und jetzt die Gelegenheit bekomme, beim „Kleinen Hobbit" mitzumachen.
> Einige Dinge an dieser Schule könnte man allerdings verbessern. Dazu gehört, dass die Pausen meiner Meinung nach zu kurz sind. Man hat kaum Zeit, um sich zu erholen und zu spielen, beim Fangen kommt zum Beispiel nicht jeder dran.
> Zweitens sollte es Schließfächer geben, weil wir dann schwere Bücher in der Schule lassen könnten. Das wäre besonders an den Tagen gut, an denen wir auch noch Sportzeug mitbringen müssen.
> Drittens bin ich der Ansicht, dass der Schulhof zu klein ist, denn man kommt sich dort dauernd in die Quere. Erst gestern bin ich von Zehntklässlern geärgert worden und hatte keine Möglichkeit, ihnen auszuweichen.
> Insgesamt fühle ich mich an dieser Schule aber sehr wohl. Es wäre schön, wenn wir in der nächsten Klassenstunde über meine Verbesserungsvorschläge sprechen könnten.
> Mit vielen Grüßen
> (Dein Name)

▷ S. 27 **E   Deinen Text überarbeiten**

1 a) *(Fehler sind grau markiert)*

> 5. Mai 2010
>
> Libe frau Lehrreich,
>
> Wir haben von ihnen den Auftrag bekommen, Negatives über die neue Schule zu schreiben.
> Am Meisten wünsche ich mier, dass es mehr Tischtennisplaten auf dem Schulhof gibt. Die Sechstklässler nerven halt immer und lassen uns nicht mitspielen. Negativ finde ich auch, dass sich die Klasse nicht an die Gesprächsregeln hällt, die wir vereinbart haben. Lukas z. B. ruft immer in die Klasse rein. Gerade gestern in der Mathestunde wolte ich die antwort geben und er hat sie einfach schon gesagt, obwohl er gar nicht an der Reihe war. Vile Mädchen tuscheln und kiechern ständig. Das lenckt mich häufig ab. Was sie in den Pausen machen, ist mir egal.
> Aber nun zu meinen positiven Eindrüken. Ich finde ansonsten alles gut hier in der Schule. Trotzdem freue ich mich auf die nächsten ferien.
> Grußformel
> Unterschrift

So könnte deine Übersicht im Heft aussehen:

Rechtschreibfehler:
häufige Fehler in den Bereichen
☐ i/ie,
☐ Schreibung der Konsonanten nach betontem kurzen Vokal,
☐ Groß- Kleinschreibung.

Fehler, die Briefform betreffend:
☐ Der Briefkopf ist nicht vollständig,
☐ nach der Anrede wird klein weitergeschrieben,
☐ Anredepronomen ist kleingeschrieben,
☐ Grußformel und Unterschrift fehlen.

b) Der Einleitungssatz entspricht nicht der Aufgabenstellung (S. 24): Felix nennt erst das Negative, dann das Positive, gewünscht ist die umgekehrte Reihenfolge. Auch steht im Brief kein konkretes Beispiel für die positiven Eindrücke. Der letzte Satz gehört nicht zum Thema.

2 *Ich finde den Brief von Felix* **in manchen Teilen überarbeitungsbedürftig.**
Mögliche Begründung:
Der Einleitungssatz ist nicht gelungen. Es geht nicht nur darum, Negatives zu äußern. Im Folgenden nennt Felix einen Wunsch, er soll aber drei aufzählen. Gut ist, dass er begründet, warum ihm etwas nicht gefällt.
Auch wenn er sonst alles gut findet, sollte er drei Beispiele dafür auswählen. Außerdem führt er keine Begründung an. Der letzte Satz (Ferien) gehört nicht zum Thema.

Lösungsheft

▷ S.28 Der Glücksring – Ein Märchen fortsetzen

▷ S.28 **A Die Aufgabe verstehen**

1 *Die Aussagen b), c), e) und f) sind richtig, die anderen Aussagen sind falsch.*

▷ S.28 **B Den Text verstehen – Eigene Ideen entwickeln**

1 *In dieser Reihenfolge solltest du die Wörter eintragen:*
Könige – Zauberer – Zwerge – Gut und Böse – Wirklichkeit – Bösen – Es war einmal – gestorben – Wünsche – wiederholt – Präteritum

▷ S.29 **2** *Der Text enthält die folgenden Märchenmerkmale:*
Märchenfiguren: *Bauern („Kartoffelgraben", Z. 1)*
Märchenhandlung: *drei Wünsche erfüllen*
Erzählweise: *„Es waren einmal …" (Z. 1); die Zahl 3 („drei Wünsche", Z. 3); der Text steht im Präteritum (z. B. „fanden", Z. 2)*

3 *Diese Märchenmerkmale fehlen im Textanfang:*
Märchenfiguren: *fantastische Figuren*
Märchenhandlung: *Aufeinandertreffen von Gut und Böse; Prüfungen; schwere Aufgaben*
Erzählweise: *Wiederholung von Äußerungen oder Handlungen*

4 *Du solltest d) angekreuzt haben.*

5 a) *Das könntest du notiert haben:* **Der erste Wunsch ist ein Glückstopf mit Geld, der nie leer wird.**
b) *Wähle zwei weitere Wünsche aus, die in deine Fortsetzung einfließen.*

6 *In dieser Reihenfolge solltest du die Wörter eintragen: fein – schnell – mein – (dein angekreuzter Wunsch)*

▷ S.30 **7** *Diese Reaktionen solltest du markiert haben: jubeln, erfreut auflachen, glücklich strahlen, vor Freude in die Hände klatschen.*

▷ S.30 **C Übungen**

1 **Verben, die lautes Sprechen wiedergeben:** *schreien, rufen, brüllen, kreischen, schimpfen, keifen*
Verben, die leises Sprechen ausdrücken: *flüstern, murmeln, säuseln, raunen*

2 a) + b) *So könntest du den Text verbessert haben:*
„Das war ein toller Wunsch", **erklärte** *der Mann. Die Frau* **fragte***: „Was wünschen wir uns als Nächstes?" „Liebe Frau",* **sprach** *der Mann, „was hältst du davon, wenn wir den Glücksring wegwerfen?" „Du hast recht",* **antwortete** *die Frau, „wir brauchen ihn nicht mehr." Sie warf den Glücksring weit über die Grenzen ihres kleinen Kartoffelackers.*

▷ S.30 **D Einen Schreibplan erstellen**

1 *So könnte dein Textanschluss aussehen:*
Die Frau sagte zum Mann: Steck den Ring an deinen Finger und drehe ihn. Ich werde unseren Wunsch sprechen.
Ringlein, Ringlein, Ringlein fein, erfülle schnell die Wünsche mein: Flink soll der Glückstopf hier sein."

▷ S.31 **2** *Möglicher Satz:*
Als der Glückstopf plötzlich mitten auf dem Tisch stand, klatschte der Mann vor Freude in die Hände und rief: „Jetzt müssen wir uns nie mehr Sorgen um Geld machen!"

3 + **4** *Mögliche Fortsetzung:*

> „Das stimmt", erwiderte die Frau, „aber wir haben ja noch zwei Wünsche frei." Wieder überlegten beide, was sie sich wünschen sollten. Schließlich drehte der Mann den Ring, und seine Frau sagte laut: „Ringlein, Ringlein, Ringlein fein, erfülle schnell die Wünsche mein: Flink soll unser eigenes Königreich hier sein."
> Da verwandelte sich das Bauernhaus auf einmal in ein riesiges Schloss, und der Mann und die Frau trugen prachtvolle Kleider und goldene Kronen. Sie liefen zum nächsten Fenster, betrachteten ihr Reich und lachten erfreut. Nach einer Weile murmelte die Frau: „Jetzt haben wir nur noch einen Wunsch frei. Also lass uns gründlich nachdenken." Bald fiel ihnen etwas ein. Der Mann drehte zum dritten Mal den Ring, und die Frau sagte: „Ringlein, Ringlein, Ringlein fein, erfülle schnell die Wünsche mein: Flink sollen noch mehr Wünsche hier sein." Sobald sie das ausgesprochen hatte, stieg aus dem Ring weißer Rauch auf. Erschrocken sahen sich der Mann und die Frau an. Im nächsten Augenblick verschwand der Ring, und eine Fee erschien. „Ihr lieben Leute", verkündete die Fee, „man darf sich zwar alles wünschen, aber es ist nicht gut, wenn jeder Wunsch in Erfüllung geht. Und darum werde ich, die Ringfee, euch euren letzten Wunsch nicht erfüllen. Stattdessen schenke ich euch ein langes, gesundes und zufriedenes Leben." Mit diesen Worten flatterte die Fee davon. Der Mann und die Frau waren zuerst enttäuscht, doch dann wurde ihnen klar, dass sie im Grunde alles hatten, was sie sich wünschen konnten. Sie waren sehr glücklich. Und wenn sie nicht gestorben sind, dann leben sie noch heute.

Lösungsheft

▷ S.32 *Hanna Jansen*: Gretha auf der Treppe – Einen Jugendbuchauszug fortsetzen

▷ S.33 A   Die Aufgabe verstehen

1 *In dieser Reihenfolge solltest du die Wörter eintragen:*
Anfang – weitererzählst – sprachliche Stil – Fortsetzung – Hauptteil – Schluss

▷ S.33 B   Den Text verstehen – Eigene Ideen entwickeln

1 *Textstellen und mögliche Stichworte:*
a) Lump (Z.1), seine Mutter (Z.5), sein Vater (Z.6), seine Schwester Jule (Z.7, 14), seine Freundin Terry (Z.8, 19), das Kindermädchen Gretha (Z.12, 13), Ludger (Z.32)
b) Spiderman: große Spinne (Z.26, 31)
c) Mutter arbeitet wieder (Z.5), Vater kümmert sich nicht (Z.6–7), Schwester ist verrückt (Z.7), Freundin straft ihn mit Verachtung (Z.21), Spinne ist ausgebrochen (Z.9–10)
d) Lump ist wütend, brüllt seine Schwester an (Z.44–45)
e) Lumps Sichtweise (Z.4, 21–22, 31–32, 40)

2 *So könntest du Lump beschrieben haben:*
Lump ist ein Junge, er hat eine Zwillingsschwester namens Jule. Lump fühlt sich schlecht und hat Angst, weil eine große Spinne frei im Haus herumläuft.
Er wünscht sich, dass seine Freundin Terry wieder mit ihm redet und dass seine Schwester die Spinne einfängt.

▷ S.34
3 a) *Mögliche andere Idee:*
Lumps Mutter kommt nach Hause und findet die Riesenspinne in ihrem Bett.
b) *Hier kannst du die Idee ankreuzen, die dir am besten gefällt.*

▷ S.34 C   Übungen

1 *Bei diesen Antworten solltest du „ja" angekreuzt haben:*
a) Ich schreibe die Geschichte in der Er-Form.
b) Ich wähle das Präsens als Tempus (Zeitform).
c) Ich verwende wörtliche Rede.
d) Meine Erzählweise ist spannend.

2 Jonas' Ausgestaltung des Höhepunkts ist gelungen, denn er verwendet anschauliche Adjektive („sehnsüchtig", „erlösende"), passende Verben („entdeckt", „hängt", „treten") und schreibt spannend („Oh nein", „Die Tür geht auf und ...").

Cansus Ausgestaltung ist nicht gelungen. Es findet keine Steigerung statt, die Satzanfänge sind nicht abwechslungsreich („Dann ... Dann") und es gibt keine anschaulichen Adjektive, deshalb wirkt der Text langweilig.

▷ S.35 D   Einen Schreibplan erstellen

1 *So könntest du den Schreibplan ausgearbeitet haben:*
Erzählschritt 2: Jule und Gretha suchen noch einmal alles ab.
Erzählschritt 3: Sie entdecken das Tier am Rahmen der Wohnungstür.
Erzählschritt 4/Höhepunkt: In demselben Augenblick kommt die Mutter der Zwillinge nach Hause.
Auflösung der Spannung: Gretha holt Spiderman hinter dem Rücken der Mutter vom Türrahmen und setzt ihn zurück in seine Schüssel.
Schluss: Lump und Jule vertragen sich wieder.

2 *Möglicher Textanschluss:*
„Wir?!", brüllt Lump. Seine Stimme kippt ihm aus dem Gleis. „Du musst dir was einfallen lassen! Und zwar schnell! Ich krieg sonst einen Anfall!" Jule sieht ihn erstaunt an. „Du hast ja richtig Angst vor der Spinne!", sagt sie verblüfft. „Da bleibt mir wohl nichts anderes übrig, als so lange zu suchen, bis ich Spiderman gefunden habe."

3 *Möglicher Höhepunkt:*

> Da dreht sich plötzlich der Schlüssel im Schloss und die Tür öffnet sich. „Hallo, ich bin zu Hause!", ruft Lumps Mutter fröhlich. „Na so etwas, habt ihr etwa auf mich gewartet?" Überrascht blickt sie von Lump zu Jule und dann zu Gretha. Über ihrem Kopf sitzt Spiderman wie ein riesiger schwarzer Fleck auf dem weißen Türrahmen. Wenn er sich jetzt abseilt, landet er mitten in ihren Haaren ... Lump starrt die haarige Spinne an. Er hat einen Kloß im Hals, der mindestens so dick ist wie Spiderman, und bekommt vor Angst keinen Ton heraus. „Was ist denn los, du bist ja ganz blass?", erkundigt sich seine Mutter besorgt.

4 Nur Schlusssatz c) ist geeignet.

Lösungsheft

5 *So könnte deine Fortsetzung aussehen:*

„Wir?!", brüllt Lump. Seine Stimme kippt ihm aus dem Gleis. „*Du musst dir was einfallen lassen! Und zwar schnell! Ich krieg sonst einen Anfall!*" Jule sieht ihn erstaunt an. „Du hast ja richtig Angst vor der Spinne!", sagt sie verblüfft. „Da bleibt mir wohl nichts anderes übrig, als so lange zu suchen, bis ich Spiderman gefunden habe." Nun legt Gretha ihm beruhigend die Hand auf die Schulter. „Wir finden ihn, ganz bestimmt." Gleich fühlt sich Lump besser. Wenigstens passiert etwas!
Jule nimmt sich den ersten Stock vor, Gretha steigt noch einmal hinunter in den Keller. Lump schaut sich vorsichtig in der Küche und im Esszimmer um. Hoffentlich ist die Spinne nicht hier! Eine Viertelstunde vergeht. Keine Spur von Spiderman. Ratlos bleibt Lump im Flur stehen und ruft: „Habt ihr ihn gefunden?"
„Nein!", schallt es aus Keller und erstem Stock. Kurz darauf kommen Gretha und Jule zurück. Sie zucken mit den Schultern. „Was machen wir jetzt?" Auf einmal nimmt Lump aus den Augenwinkeln etwas wahr. Über der Wohnungstür bewegt sich irgendetwas. Etwas, das nicht in den Flur gehört ... „Ihhhh!", stößt er hervor und zeigt darauf.
Da dreht sich plötzlich der Schlüssel im Schloss und die Tür öffnet sich. „Hallo, ich bin zu Hause!", ruft Lumps Mutter fröhlich. „Na so etwas, habt ihr etwa auf mich gewartet?" Überrascht blickt sie von Lump zu Jule und dann zu Gretha. Über ihrem Kopf sitzt Spiderman wie ein riesiger schwarzer Fleck auf dem weißen Türrahmen. Wenn er sich jetzt abseilt, landet er mitten in ihren Haaren ... Lump starrt die haarige Spinne an. Er hat einen Kloß im Hals, der mindestens so dick ist wie Spiderman, und bekommt vor Angst keinen Ton heraus. „Was ist denn los, du bist ja ganz blass?", erkundigt sich seine Mutter besorgt.
Ich muss sie irgendwie ablenken, damit sie nichts merkt, denkt er. „Alles in Ordnung, ich bin nur müde. In der Schule war es heute sehr anstrengend", antwortet er und weicht langsam zurück in Richtung Esszimmer. Seine Mutter tritt zwei Schritte auf ihn zu. „Hast du vielleicht Fieber?" Hinter ihr streckt Gretha die Hände aus, pflückt Spiderman unbemerkt vom Türrahmen ab und verschwindet wie ein geölter Blitz im ersten Stock. Lump fällt ein Stein vom Herzen. Jule grinst ihn hinter dem Rücken der Mutter an. Er grinst zurück und sagt: „Nö, Fieber habe ich bestimmt nicht."
Nachdem klar ist, dass er wirklich kein Fieber hat, darf Lump auf sein Zimmer gehen. Stattdessen geht er mit Jule zu Gretha. Die hat die Riesenspinne wieder in ihre Schüssel gepackt. Jule nimmt seine Hand. „Du brauchst keine Angst zu haben, der entwischt uns nicht mehr. Bist du mir noch böse?" Lump schüttelt den Kopf. Er ist überglücklich, und in der Salatschüssel sieht Spiderman doch ganz nett aus.

Till Eulenspiegel und das Kaninchen – Rechtschreibung und Zeichensetzung überarbeiten

▷ S. 36

A   Die Aufgabe verstehen

1   *In dieser Reihenfolge solltest du die Wörter eintragen:*
markiere – bestimmen – richtig abschreiben

▷ S. 37

B   Eigene Ideen entwickeln

1   *b) Diese Wörter solltest du eintragen:*
deutlich – zwei – verdoppelt – einem – h – langem i – Pronomen – Artikel – großgeschrieben

2   *Du solltest in dieser Reihenfolge vorgehen:*
1. Text genau lesen
2. Fehler erkennen
3. Fehler markieren
4. Fehlerarten bestimmen
5. Fehler verbessern
6. Den Text verbessert abschreiben

▷ S. 38

C   Übungen

1   *Rechtschreibfehler finden sich in den Zeilen 1 bis 17 und 27 bis 34.*

2   *Zeichensetzungsfehler finden sich in Zeile 18 bis 25.*

Fehlerwort	Goldene Regel Nr.	Verbesserung
Haustire	5	Haustiere
im	6	ihm
siben	5	sieben
nigends	1	nirgends
Futer	2	Futter
Möre	4	Möhre
Kahninchen	3	Kaninchen
bekomen	2	bekommen
nachlässigkeit	7	(die) Nachlässigkeit
rede	7	(die) Rede
sicherheit	7	(die) Sicherheit
decke	7	(die) Decke
buchstaben	7	(die) Buchstaben, (der) Buchstabe

4   *Diese Wörter solltest du ergänzen:*
Punkt – Fragezeichen – Ausrufezeichen – Anführungszeichen – Komma – Komma

▷ S. 39

D   Den Text verbessern

1   *So solltest du die Zeichensetzung verbessert haben:*
Wutschnaubend rannte er zu Eulenspiegel. Eulenspiegel lag faul auf seinem Bett und starrte an die Decke. „Was bist du doch für ein nichtsnutziger Geselle!", schrie ihn der Meister an. „Habe ich dir nicht ausdrücklich befohlen, an mein Kaninchen zu denken? Und was hast du gemacht?", fragte er ihn. „Du hast es beinahe verhungern lassen! Hast du ihm auch nur ein einziges Mal Futter gegeben?", wollte er wissen.

Lösungsheft

▷ S.40 Projekttage „Die Zukunft gestalten" – Einen Text überarbeiten

▷ S.40 A Die Aufgabe verstehen

1 *Der entscheidende Arbeitsauftrag lautet:*
Überarbeite den (...) Text (...), indem du die verschiedenen grammatischen Proben durchführst.

▷ S.40 B Stoff sammeln – Eigene Ideen entwickeln

1 a) **Was den Text besonders eintönig wirken lässt:**
*Die Sätze 3, 6, 7 und 8 beginnen alle mit dem Personalpronomen **wir**.*
Möglicherweise hast du Weiteres unterstrichen, denn alle Sätze sind sehr kurz und es fehlen beschreibende Adjektive. Darum wirkt der Text insgesamt eintönig.

b) **Was den Text ungenau macht:**
Es fehlen Antworten auf folgende Fragen:
Wann (arbeitete ich in der Projektgruppe)?
Warum (trafen wir uns alle schon sehr früh)?
Wo (trafen wir uns am Donnerstag)?
Wie (präsentierten wir unsere Ideen)?
Wie (statteten wir die Häuser aus)?
Wann (stellten wir unsere Projekte vor)?

▷ S.41 C Übungen

1 *Die richtigen Zuordnungen sind:*
Satzglieder durch andere Wörter ersetzen → Ersatzprobe
Die wichtigste Information betonen, indem sie an den Anfang oder das Ende des Satzes gerückt wird → Umstellprobe
Satzglieder hinzufügen, um genauere Aussagen zu erzielen → Erweiterungsprobe
Überflüssige Informationen streichen → Weglassprobe

2 *Umstellprobe:*
(2) *Sehr früh trafen wir uns am Donnerstag.*
   Wir trafen uns am Donnerstag sehr früh.
   Am Donnerstag trafen wir uns sehr früh.
   Wir trafen uns sehr früh am Donnerstag.
(6) *Wir bauten wegen der knappen Zeit nur zwei große Holzhäuser.*
   Wegen der knappen Zeit bauten wir nur zwei große Holzhäuser.
   Nur zwei große Holzhäuser bauten wir wegen der knappen Zeit.
   Wir bauten nur zwei große Holzhäuser wegen der knappen Zeit.

▷ S.42

3 *Ersatzprobe:*
Satz (3): **Unser Team** *präsentierte unsere Ideen.*
Satz (6): **Unsere Gruppe** *baute wegen der knappen Zeit nur zwei große Holzhäuser.*
Satz (7): **Svenja, Tom, ich und andere** *strichen die Häuser in Rot und Blau und statteten sie schön aus.*

4 *Du könntest die Angaben so eingefügt haben, wie es in der Lösung zu Aufgabe D 1 zu sehen ist.*

▷ S.43 D Den Text schreiben

1 *So könnte dein überarbeiteter Text aussehen:*

> **Eine Stadt aus Holz**
> (1) Ich arbeitete **beim Schulfest** in der Projektgruppe „Eine Stadt aus Holz". (2) Sehr früh trafen wir uns **wegen des großen Zuspruchs** am Donnerstag **in Raum A 107**. (3) Zuerst präsentierte unser Team **mit großem Eifer** unsere Ideen. (4) Dann ging es los. (5) Um 9:30 Uhr wurde **auf dem Pausenhof** das Baumaterial geliefert. (6) Unsere Gruppe baute wegen der knappen Zeit nur zwei große Holzhäuser. (7) Svenja, Tom, ich und andere strichen die Häuser in Rot und Blau und statteten sie **sodann mit selbst gebastelten Möbeln** schön aus. (8) **Am Freitagnachmittag** stellten wir unsere Projekte vor. (9) Alle waren begeistert.

Potilla, die Feenkönigin – Fragen zum Romananfang beantworten

A Die Aufgabe verstehen

1 *Richtig sind die Aussagen b), e), f) und h).*

B Den Text verstehen – Eigene Ideen entwickeln

1 *Diese Aussagen sind richtig:*
a) *Die Geschichte spielt in einem Wald, in dem viele Pflanzen durcheinanderwachsen.*
b) *Es gibt zwei Hauptfiguren.*
c) *In dem Wald leben Feen.*
d) *Am Ende der Textstelle tritt eine Gestalt ohne Namen auf.*

2

Ich markiere Textstellen,	Diese Unterstreichung gehört zur Teilaufgabe …
in denen eine Figur zum ersten Mal auftritt.	a)
in denen sich etwas Besonderes ereignet.	c)
in denen etwas über die Figur ausgesagt wird.	a)
in denen angedeutet wird, dass bald etwas geschehen könnte.	c)
in denen die Stimmung im Wald beschrieben wird.	b)

C Übungen

1 *Ausdrücke, die die Stimmung wiedergeben, sind:*
Adjektive: *groß, dunkel, uralt, wild, morsch, sumpfig, fedrig, fellig, schuppig, glänzend-glitschig*
Verben: *wuchern, krallen, huschen, rascheln, schleichen, hüpfen, wölben*
Nomen (Pflanzen): *Pilze und Fingerhüte, Haselnusssträucher, Äpfel, Riesenfarne, Baumriesen, Schösslinge, Haselnuss, Schwarzdorn*
bildhafte Sprache: *Bärte aus Moos, das endlose Grün, Wie ein pelziger Rücken*

2 *In dieser Reihenfolge solltest du die Begriffe eintragen:*
Potilla – Namen – Potilla – sehr zart – spitze – Potilla – rote – singt – tanzt – Feenhügel – Schutzzauber – alt – verlängern – starrt – Böses

D Einen Schreibplan erstellen

1

	Fragen	Wichtige Stichworte	Zeilen im Text
Hauptfiguren	Wie heißt die Feenkönigin? Potilla		Z. 1, Z. 55
	Wie sehen die Feen aus? feingliedrig, spitznasig		Z. 21
	Wie verhalten sie sich? sie tanzen abends, lachen, begrüßen die Sterne		Z. 23–25
	Wer tritt noch auf? „jemand"		Z. 32
	Wie ist er beschrieben? alt, schütteres graues Haar, faltige Haut, hinkt		Z. 38–41
Ort	Wo spielt die Handlung? in einem uralten dunklen Wald, in dem vieles durcheinanderwächst		Z. 2–9
	Was ist das Besondere an dem Ort? der Feenhügel		Z. 15
	Wie ist die Stimmung? etwas unheimlich: Riesenfarne, sumpfige Tümpel		Z. 1–16
Handlung	Was machen die Feen? abends tanzen sie, lachen und singen		Z. 24, Z. 37
	Was verändert die Situation? eine Gestalt ohne Namen tritt auf		Z. 32
	Welche Absicht hat die Gestalt ohne Namen? sie will die Feen verjagen und im Feenhügel übernachten, um wieder jünger zu werden		Z. 42–43, Z. 47–48

2 *So könntest du die Handlung wiedergegeben haben:*

> Zu Beginn des Textausschnittes wird die Stimmung im Feenwald beschrieben. Man erfährt auch, wie die Feen leben. In der Mitte des Textes wird dargestellt, dass die Feen gegen Abend tanzen und singen. Gegen Ende des Textausschnittes tritt eine Gestalt auf, deren Namen wir nicht kennen.

Ein exotischer Frechdachs – Sachtexte für Informationen nutzen

▷ S. 48

A Die Aufgabe verstehen

▷ S. 49

1 *Richtig sind die Aufgaben a), b), e) und f).*

2 **Du musst in dieser Reihenfolge vorgehen:**
Schritt 1: Du liest den Text „aktiv", d. h.: mit dem Stift in der Hand. Dabei markierst du das Wichtigste (Schlüsselwörter, Kernstellen).
Schritt 2: Du vergewisserst dich, ob du alle wichtigen Informationen herausgearbeitet hast. Gliedere dazu den Text in Abschnitte.
Schritt 3: Du siehst dir die Abbildungen genau an und überlegst, wie sie zum Text passen.
Schritt 4: Du bildest dir eine eigene Meinung: Stimmt die Behauptung in der Aufgabe?

B Den Text verstehen – Stoff sammeln

▷ S. 49

1 *Mögliche Schlüsselwörter:*
zähesten Räubern – Afrikas/Südwestasiens – immer Hunger – südafrikanische Kalahari-Wüste – sieht ... friedlich aus – Stupsnase – schwarz-braunes Fell – Kopf + Rücken = Silbergrau – schrecklichen Ruf – Angriffslustig – jähzornig – grausam – ständig auf der Jagd – meist nachtaktiven – Ständig in Bewegung – Speiseplan – bunte Mischung – gern Süßes – Honig

2 *So könntest du deine W-Fragen formuliert und beantwortet haben:*
Wer? Raubtier Honigdachs (Marder)
Was (frisst der Honigdachs)? Eidechsen, Ratten, Vögel, Antilopen, Giftschlangen, Honig
Wann (ist der Honigdachs aktiv)? meistens nachts
Wo (lebt der Honigdachs)? Afrika, Südwestasien, südafrikanische Kalahari-Wüste
Wie (findet er Honig)? folgt einem Vogel, dem Honiganzeiger
Warum (ist der Honigdachs ständig auf der Jagd)? ist immer in Bewegung, muss deshalb oft und viel fressen

▷ S. 50

3 *a) + b) Sinnabschnitte und mögliche Zwischenüberschriften:*
Zäher Räuber mit großem Hunger   Zeile: 1–4
Netter Kerl mit schrecklichem Ruf   Zeile: 5–12
Ständig auf der Jagd   Zeile: 13–19
Der Speiseplan des Honigdachses   Zeile: 20–27

C Übungen

▷ S. 50

1

Gliederungspunkte	Informationen aus dem Text
1. Vorkommen	Afrika und Südwestasien
2. Aussehen (Farbe, Größe ...)	Stupsnase, schwarz-braunes Fell, Kopf und Rücken silbergrau
3. Ernährung	Eidechsen, Ratten, Vögel, Antilopen, Giftschlangen, Honig
4. Verhalten	ständig in Bewegung, nachtaktiv
5. Besonderheiten	schrecklicher Ruf, ständig auf der Jagd, immer Hunger, folgt dem Honiganzeiger

2 *Die richtigen Antworten sind:*
a) weil er immer Hunger hat
b) von Tieren und von Honig
c) mit einem kleinen Vogel

3 Die Abbildungen passen zu den Zeilen 25 bis 27, weil es dort heißt, dass der Honigdachs einem Singvogel folgt, um Honig zu finden.

▷ S. 51

4 *Deine Bildunterschriften könnten so aussehen:*
Bildunterschrift zu Abbildung 1: Der Honigdachs folgt dem Honiganzeiger zum Bienenstock
Bildunterschrift zu Abbildung 2: Der Dachs bekommt den Honig, der Vogel die Bienenlarven

▷ S.51 **D Einen Schreibplan erstellen**

1 a) Der Honigdachs ist ein kleines, <u>nachtaktives Raubtier</u>, das in <u>Afrika</u> und <u>Südwestasien</u> lebt und ständig auf der <u>Jagd</u> ist.
b) So könntest du weitere Informationen zusammenfassen:
Der Honigdachs ist recht klein, hat schwarz-braunes, an Kopf und Rücken silbergraues Fell und eine Stupsnase. Seine Ernährung besteht aus kleinen und größeren Tieren (Eidechsen, Ratten, Vögel, Antilopen, Giftschlangen) und aus Honig. Da er sich viel bewegt, hat er immer Hunger. Er arbeitet sogar mit einem Vogel, dem Honiganzeiger, zusammen, um etwas zu fressen zu finden.

2 Der <u>Honiganzeiger</u> sucht nach Bienenstöcken und fliegt dorthin. Sofort folgt ihm der <u>Honigdachs</u>. Der Vogel pickt den <u>Bienenstock</u> auf, um an Larven zu gelangen. Dadurch gelangt der Honigdachs an den <u>Honig</u>, den er so gern mag.

3 a) Das Zitat lautet:
Angriffslustig, jähzornig und grausam sei er, „das gemeinste Tier der Welt" (Zeile 9–11).
b) Mögliche Antwort:
Diesen Ruf halte ich nicht für berechtigt, denn der Dachs ist nicht angriffslustig oder gemein, sondern bloß ständig hungrig.

4 So könnte dein ausformulierter Text aussehen:

> (1) Der Honigdachs ist ein kleines, nachtaktives Raubtier, das in Afrika und Südwestasien lebt und ständig auf der Jagd ist. Der Honigdachs ist recht klein, hat schwarz-braunes, an Kopf und Rücken silbergraues Fell und eine Stupsnase. Seine Ernährung besteht aus kleinen und größeren Tieren (Eidechsen, Ratten, Vögel, Antilopen, Giftschlangen) und aus Honig. Da er sich viel bewegt, hat er immer Hunger. Er arbeitet sogar mit einem Vogel, dem Honiganzeiger, zusammen, um etwas zu fressen zu finden.
> (2) Die Abbildungen zeigen, wie der Honiganzeiger nach Bienenstöcken sucht und dorthin fliegt. Sofort folgt ihm der Honigdachs. Der Vogel pickt den Bienenstock auf, um an Larven zu gelangen. Dadurch gelangt der Honigdachs an den Honig, den er so gern mag.
> (3) Der Honigdachs hat einen schlechten Ruf. Angeblich ist er angriffslustig, jähzornig und grausam, „das gemeinste Tier der Welt" (Zeile 9–11). Diesen Ruf halte ich nicht für berechtigt, denn der Dachs ist nicht angriffslustig oder gemein, sondern bloß ständig hungrig.

Lösungsheft

▷ S. 52 Das kann ich schon – Test für die Jahrgangsstufe 5

▷ S. 53 Multiple-Choice-Aufgaben

1 *Richtig ist: d).*

▷ S. 53 Richtig-Falsch-Aufgaben

2 *Richtig sind die Aussagen b) und g), falsch sind die Aussagen a), c), d), e) und f).*

▷ S. 54 **3** *Richtig sind die Aussagen c) und f), falsch sind die Aussagen a), b), d) und e).*

▷ S. 54 Zuordnungsaufgaben

4
a) *So ein Glück, da hast du aber Schwein gehabt!*
b) *Du isst wie ein Schwein.*
c) *Dein Zimmer sieht aus wie ein Schweinestall.*
d) *Marvin schreibt nicht schön, er hat eine Sauklaue.*
e) *Wer Schweine hüten will, sollte zu grunzen verstehen.*
f) *Ein Schwein grunzt anders, wenn der Metzger kommt.*
g) *Die Schweine von heute sind die Schinken von morgen.*
h) *Perlen vor die Säue werfen.*

▷ S. 55 Einsetzaufgaben

5 *In dieser Reihenfolge solltest du die Wörter einsetzen:*
Mühe – Bett – Eltern – Spalt – Vater – Schrei – Küche

▷ S. 55 Rechtschreibung und Zeichensetzung prüfen

6 *So solltest du den Text abgeschrieben haben:*

„So", sagte er, „jetzt schenken wir das Ferkel einem Bauern. Schweine gehören aufs Land und nicht in eine Stadtwohnung." Zuppi begann zu schreien. Sie kann so laut schreien, dass man sich die Ohren zuhalten muss. „Ruhe!", brüllte Vater. „Schweine werden traurig, wenn sie nur Häuser und keine Felder und Wiesen sehen." Zuppi schrie weiter. „Lass ihr das Ferkel wenigstens ein paar Tage", sagte Mutter, „sie hat es nun mal gewonnen. Wir können es ja immer noch weggeben."

▷ S. 55 Kurzantworten

7 *So könnte dein Satz aussehen:*
Zuppi schreit, weil sie das Ferkel behalten will und hofft, ihren Vater auf diese Weise umzustimmen.